전략적 평화 세우기

 한국 아나뱁티스트 출판사(Korea Anabaptist Press)는 기독교 신앙을 아나뱁티스트 관점에서 소개하는 문서선교 사역을 합니다. 특히 그리스도인의 신앙과 삶의 기초를 재세례신앙의 제자도·평화·공동체를 통해 발견하며, 하나님나라를 이루어가는 성경적 비전을 회복하고자 노력합니다. 한국 아나뱁티스트 출판사가 발행하는 도서는 각 분야별 시리즈로 구성됩니다.

전략적 평화 세우기

리사 셔크 지음
김가연 옮김

THE LITTLE BOOK OF STRATEGIC PEACEBUILDING
Copyright©2004 by Good Books, Intercourse, PA17534 USA
Korean Copyright©2014 by Korea Anabaptist Press

이 책의 한국어판 저작권은 Korea Anabaptist Press가 소유하고 있습니다.
출판사의 승인 없이 이 책의 내용이나 표지 등을 복제·인용할 수 없습니다.

전략적 평화 세우기

지은이 리사 셰크
옮긴이 김가연
초판발행 2014년 8월 14일

펴낸이 김경중
제작 대장간
등록 제364호
펴낸곳 Korea Anabaptist Press
      www.kapbooks.com
주소 강원도 춘천시 영서로 2600, 2층
전화 (033) 242-9615
분류 평화 | 비폭력

ISBN 978-89-92865-18-0   03330

값 7,000원

차례

추천의 글 / 제인 세미네어 더커리 ················· 6
추천의 글 / 이대훈 ··································· 8
저자 서문 ··· 10
역자 서문 ··· 12
감사의 글 ··· 14
1. 들어가며 ··· 15
2. 전략적 평화 세우기란? ··························· 18
3. 평화 세우기를 위한 가치 ························ 23
4. 평화 세우기를 위한 관계 기술 ················· 29
5. 평화 세우기를 위한 분석 ························ 32
6. 평화 세우기 절차 둘러보기 ····················· 37
7. 갈등을 비폭력적으로 유지하기 ················· 40
8. 직접적인 폭력 줄이기 ···························· 47
9. 관계 전환하기 ···································· 58
10. 역량 키우기(Building Capacity) ················ 70
11. 평화 세우기를 위한 전략적 디자인 ··········· 78
12. 평화 세우기 평가하기와 조직하기 ············ 98
미주 ·· 102
참고문헌 ··· 106

추천의 글

리사 셔크는 초기 평화 세우기 저서들 중 하나를 썼다. 거의 10년이 지난 지금, 평화 세우기 개념은 여전히 논의의 중심에 있고, 리사 셔크는 이러한 과정에서 중요한 목소리를 내고 있다. 정의와 평화 실천시리즈를 쓸 때 국가가 아닌 시민사회 주체들은 사회를 덜 폭력적으로 만들면서 더욱 정의롭고 지속적으로 만들 다양한 프로그램과 활동들이 어떤 것이 있는지 이야기하고 있었다.

이 책이 나온 직후에 유엔과 여러 정부들은 이 책에서 제시했던 평화 세우기의 모든 가치와 가정들을 포함하지 않은 채 용어만을 차용했다. 지금, 평화 세우기에서 주도권을 잡기 위해 팽팽한 싸움을 하는 두 아이디어가 있다. 이 책에서 설명하고 있는 평화 세우기의 원개념과 국가 중심의 시각은 모두 평화 세우기를 주로 경제적 개발을 통한 사회 안정 혹은 폭력 발생 이후의 사회 재건으로 본다.

이 책이 설명하는 평화 세우기의 원 개념은 아래로부터 접근을 시도하는 반면, 이후 새롭게 제기된 평화 세우기의 개념은 큰 단체와 국가들이 주도하는 위로부터 접근을 시도한다. 평화 세우기를 공부하고 이에 대해 생각하는 사람이라면 계속되고 있는 논의의 한 편을 이해하기 위해 이 책을 읽어야 한다. 이는 여러 직업을 가진 사람들이 더욱 평화로운 세상과 더욱 정의로운 사회를 만들기 위해 무엇을 할 수 있는지 영감을 주는 책이다.

제인 세미네어 더커리
프로그램 디렉터, 정의와평화세우기센터, 이스턴 메노나이트 대학

추천의 글

평화 만들기에 관한 종합적이고 깔끔한 입문서가 우리에게 다가왔다. 짧은 입문서이지만 평화 만들기의 체계와 내용을 모두 함축적으로 담았다. 그 개념은 여기서 '평화 세우기'이다. 그래서 평화의 체계를 만들어내고 싶은 사람들의 첫 출발로 아주 유용한 책이다. 놓치는 주제가 없는 점이 돋보인다.

저자 리샤 셔크는 이스턴 메노나이트대학교 갈등전환 과정에 참여한 수천 명의 경험과 지혜를 통해 이 책을 썼다고 한다. 그러한 경험과 지식을 길지 않은 설명으로 하나씩 요약하며 재구성해낸 솜씨가 돋보인다. 그러면서도 모두 하나의 책에 모아놓은 것은 이 책의 장점이다. 평화 세우기 분야의 전체를 간명하게 이해하고 싶은 독자들도 좋아할 것이다.

이 책은 의도적으로 무시되어온 진실을 다시금 드러낸다. 실제로 평화를 실천하는 사람과 그 길이 꽤 많이 있다는 진실. 그 속에서 실용적인 지혜가 충분히 쌓였다는 진실. 그 사람들과 그 지혜가 매우 체계적이라는 진실. 그리고 모든 형태의 폭력이 서로 연관되어 있기 때문에 이에 대한 대응 역시 매우 통합적이어야 한다는 진실이 이 책에서 다시금 강조된다.

"갈등을 뒤흔들어라", 리샤 셔크는 갈등을 조절하려고만 하는 사람들과는 다른 제안을 던진다. 체계적인 평화 세우기에서 갈등은 경우에 따라 격화되기도 해야 한다. 단, 비폭력적으로. 갈등을 뒤흔든다는 입장은 적극적인 개입을 시사한다. 이 책이 목표로 하고 있는 통합적이고 체계적인 평화 세우기의 비전은 적극적인 개입을 전제로 한다. 적극적인 개입은 체계적인 접근을 필요로 한다.

비전과 체계성이 만나면 실천의 양상도 무척 달라질 것이다. 멋진 평화 실천 입문서를 한국 사회에 선물해 주신 번역자 김가연 님의 노고에 큰 고마움을 표하고 싶다.

이대훈
성공회대학교 평화학, 평화교육프로젝트 모모

저자 서문

어떻게 평화를 만들 수 있을까?

이 책의 한국어판은 세계에 존재하는 수 많은 평화의 길을 설명하고 있다. 평화는 단순히 멋진 아이디어만으로 존재하지 않는다. 힘든 노력과 헌신적인 계획이 필요하다. 평화 세우기 분야는 지난 이십 년에 걸쳐 폭력을 줄이는 데 큰 영향을 끼쳤다.

십 년 전에 시민사회단체들과 대학들이 평화 세우기 분야를 시작했다. 남한과 북한의 평화 세우기를 위해 쓰인 이 책처럼, 세계의 모든 나라는 이제 대학과 공동체센터, 사업체, 종교단체에서 평화를 세우기 위해 지역과 국가, 국제수준의 노력을 기울이고 있다.

2014년에 유엔과 세계은행, 아세안과 아프리카 연합과 같은 지역단체들이 평화 세우기를 조직화하려는 새로운 노력을 시작하였다. 이것은 더 많은 사람들이 평화를 연구하고, 평화를 위해 일하고 있다는 것을 의미한다. 피스빌더들은 군대에 있는 사람들과 같은 정도의 엄격함과 계획력으로 평화와 정의를 위해 일한다. 사람들은 폭력의 근본 원인을 다루고 평화의 기초를 세우기 위해 함께 일한다.

  평화는 여정이다. 모든 사람이 평화를 부르기 위해 올바른 방향으로 발걸음을 내디기를 소망하며, 한국어판을 통해 남한과 북한도 언젠가는 평화를 위해 함께 일하는 날이 오기를 간절히 바란다.

리사 셔크

역자 서문

그리 길지 않은 유학생활 끝에 얻게 된 것은 한껏 부풀어 오른 평화의 씨앗과 불모지와 다름 없는 한국이라는 텃밭이었다. 자, 이제 어떻게 시작하지? 그 모든 것이 새로웠던 2013년 여름, 알 수 없는 용기로 피스빌더의 인생에 발을 들여놓았다.

"평화학이 뭐지? 평화 세우기란 또 무슨 말인가? 평화? 통일?"

끊임없는 질문들이 쏟아졌다. 우리 곁에 맴돌고 있는 사회 문제와 시민들의 목소리, 갈등과 해결에 대한 욕구. 그것 모두가 평화 세우기, 피스빌딩의 시작이다. 정답은 없다. 그러나 적절한 설명은 존재한다. 이 책은 그러한 기본적인 질문들에 대한 체계적인 답을 준다. 평화 세우기란 무엇이며, 무엇을 목표로 하는지, 어떤 역할을 하는지 아주 간략하고 종합적인 설명을 담고 있다.

책의 제목을 '전략적 평화 세우기'라고 정하기까지 여러 담론이 흘렀다. 평화 세우기는, 평화는 한 순간 성취되는 것이 아니며, 끊임없는 노력을 통해 더 나은 상태, 즉 더 평화로운 상태로 나아가는 과정이라는 패러다임을 제시한다. 새로운 패러다임을 소개하기 위한 기본적인 작업으로 우리네 문화 속에 깊이 박힌 군사문화를 어색하게 바라보고자 했다. 본문에서 반복되는 'Strategy'를 '전략' 대신 '기술', '체계' 등 순화된 용어로 옮기려 노력했던 것이 그 작은 시도였다. '전략적 평화구축'이라는 책 제목도 '체계적인 평화 세우기'로 옮기려는 시도가 있었으나, 본래 언어가 담은 '전략'의 의미를 온전히 담을 수가 없어 '전략적 평화 세우기'로 유지하기로 결정했다.

새로운 시작이었다. 언어를 옮기는 것 외에도 평화학이라는 생소한 분야를 소개하는 작업이 더컸다. 이 책은 한국사회에 평화 세우기를 소개하기 위한 좋은 도구가 되었다. 또한 스스로 2년 남짓 되는 기간 동안 정신없이 받아들이기 바빴던 평화 세우기에 관한 지식을 하나하나 곱씹어내는 좋은 핑계가 되었다.

새로운 사람들을 만났다. 책 하나를 가지고 7명이 넘는 젊음들이 모여 갈등에 관한 이야기를 나누고, 평화를 고민하기 시작했다. 비록 책 속에 담긴 것은 먼 나라 이야기였지만, 우리의 눈과 귀는 한국사회에서 일어나는 갈등과 희망의 소리에 머물렀다. 이 책은 어렴풋한 기대감을 가지고 모여든 7명의 젊은이들의 변화와 성장의 자취가 고스란히 담겨 있다. 비록 '번역' 작업은 개인의 일이었지만, 바쁜 시간을 쪼개어 한 테이블에 머리를 맞대어 준 사람들이 없었다면 시작되지도, 끝나지도 않았을 일이다.

무작정 사무실을 찾아가 번역하나 하겠다고 말을 던졌던 풋내기 피스빌더를 믿고 책을 맡겨주신 한국아나뱁티스트 출판사KAP분들께 감사한다. 먼 땅에서 그리고 옆에서 묵묵히 격려해주신 가족과 동료들에게도 감사의 말을 전하고 싶다.

감사의 글

이 책에 담긴 내용은 대부분 미국 버지니아 해리슨버그에 위치한 이스턴 메노나이트 대학교Eastern Mennonite University의 갈등전환 프로그램에서 만난 수천 명의 학생과 활동가의 배움과 깨달음에서 비롯되었다. 초고를 다듬는 데 도움을 준 많은 학생과 친구의 노고에 깊이 감사한다. 특히 랍 데이비스Rob Davis, 라리사 패스트Larrisa Fast, 벤드라 마난다르Dbendra Manandhar, 토마 랑지야Toma Ragnjiya, 케이티 레센디즈Katie Resendiz, 마리아 셜크 데 산체스Maria Schirch de Sanchez, 야쇼다 슈레스타Yashodha Shrestha에게 감사한다. 하워드 제어Howard Zehr와 존 폴 레더락John Paul Lederach 역시 시간을 내어 이 분야에 대한 조언을 해주었고 책의 내용을 결정하는 데 도움을 주었다.

2003년 3월 미국이 주도한 이라크전이 막 시작했을 때, 케냐 나이로비에서 이 글을 쓰기 시작했다. 낮 시간에는 이라크전에 관한 뉴스를 끄고, 평화에 대해 쓰고 있던 글도 잠시 멈추고, 아파트 주변을 서성이는 기린과 얼룩말들 사이를 거닐며 값진 날들의 아름다움을 느끼려 노력했다. 이런 시간을 갖도록 도와준 남편과 딸에게 감사한다. 평화 세우기가 세계를 구하는 것을 목표로 하고 있지만, 그럴 때 일수록 세계를 즐길 시간이 필요하다는 것을 꼭 기억해야 한다.

1. 들어가며

공동체 안에서 일어난 폭력에 영향을 받은 사람들이 사건에 대해 이야기하고 공동체의 입장을 밝히기 위해 모였다. 경찰은 범죄 예방을 위해 공동체 구성원들과 협력하여 밤거리를 순찰했다. 반군들이 평화회담에서 철수하지 못하도록 여성단체가 협상장의 출구를 막아 섰다. 최근 민주주의 선거에서 교회단체, 개발기구, 여성단체 등 시민사회 주체actors들이 미친 영향에 대해 묻기 위해 연구원이 정부관료를 인터뷰했다. 이들은 평화를 만들기 위해 일하는 수천 명의 사람 중 일부이다. 평화를 만드는 사람들은 단순히 폭력을 멈추기 위해 일하는 것이 아니라 정의롭고 지속가능한 평화를 뒷받침하는 구조를 만들기 위해 일한다.

평화 세우기 분야는 많은 사람이 알고 있는 것보다 훨씬 폭넓고 복잡하다. 평화 세우기는 수많은 분야의 주체를 포함한다. 더 나은 삶을 찾는 공동체의 구성원, 인권을 위해 일하는 비폭력 활동가들, 갈등을 일으키는 사람들을 떼어 놓거나 전투병 동원을 저지하는 평화유지군, 구성원들에게 이웃과 평화롭게 지내기를 권하는 종교지도자들, 구호활동을 펼치는 구조요원들, 갈등상황에 있는 사람들간의 대화를 이끌어 내는 공동체 중재자와 회복적 정의 활동가들, 피해자들에게 물질적인 도움을 주는 기업 지도자들, 공공 정책을 통해 변화를 일으키는 정부 지도자들. 이들은 단지 평화 세우기의 몇몇 주체들일 뿐이다.

이들은 자신들의 가치와 활동을 설명하는 데 서로 다른 언어를 사용한다. 어떻게 사회변화가 일어나는 지를 설명하는 이론이 각자 다르고, 사회에서 감당하고 있는 역할과 책임도 다르다. 예를 들어, 어떤 사람들은 법과 질서의 필요성을 이야기 하고, 다른 사람들은 정신적 치유, 인권, 그리고 사회 정의와 전통적 가치로의 회귀, 갈등 해결 기술, 개발, 교육, 혹은 위의 모든 것을 조합한 가치를 말한다. 현실에서는 같은 지역에서 일하는 사람들조차 각자의 접근방식을 서로 조율하지 않는 경우가 많다. 정의롭고 지속가능한 평화를 만들기 위해서는 이러한 다양한 주체들과 그들의 행동이 큰 틀 안에서 조정될 필요가 있다.

왜 이 책인가?

정의와 평화 실천시리즈는 평화 세우기와 연관된 다양한 분야와 그 활동들을 한 데 모으고 하나의 개념적 틀로 통합시키려는 시도에서 비롯되었다. 이 틀의 중심이 되는 전략적 평화 세우기라는 개념은 지속가능한 정의평화_{정의가 있는 평화}를 이루기 위해 여러 학문을 결합한 접근방식이다.

전략적인 평화 세우기는 분명한 목표가 있다. 정의평화라는 개념이 대중적으로 알려지고 있음에도 그 비전과 실천법에 대한 연구는 매우 적다. 이 책의 목표 중 하나는 평화 세우기를 위한 전반적인 목표나 비전으로 정의평화라는 개념을 올바로 증진시키는 것이다.

전략적인 평화 세우기는 다방면의 조화로운 협력이 필요하다. 일부 평화 세우기 학자들은 갈등상황에 있는 사람들에게 어떻게 직접적인 영향을 줄 수 있는지에 초점을 맞추고 있는 반면, 이 책은 왜 평화를 위해 일하는 사람들이 서로 관계를 맺어야 하는지에 대한 관점을 더하고 있다. 또한 다양한 평화 세우기 주체들의 가치, 관계 기술, 분석 틀, 경험들을 종합하고 요약하고 있다. 이러한 통합과정을 통해 이 책은 평화 세우기에 대한 공동언어를 만들고 이와 관련된 다양한 역할들에 대한 인식을 높이는 것을 목적으로 한다.

여기에 제시된 틀은 이스턴 메노나이트대학교 갈등전환 프로그램으로 연결된 수 천명의 생각과 경험의 네트워크로 만들어졌다. 하나의 평화 세우기 지도 위에 다양한 길을 그려 넣기 위한 노력으로 진보와 보수, 북반부와 남반부 글로벌 공동체, 과거의 행동과 미래의 목소리로부터 지혜를 모았다.

이 책이 평화 세우기 분야에 관심이 있는 학생들과 그 밖의 사람들에게 입문서가 되었으면 하는 바람이다. 또한 평화 세우기라는 퍼즐 조각 하나에 대해서는 알고 있지만 다른 접근법과 그 상호작용에 대해 배움으로써 긍정적인 영향을 받을 실천가들과 학자들을 위한 책이 되었으면 한다.

간단히 말해, 이 정의와 평화 실천시리즈는 한 단계 더 통합되고 전략적 평화 세우기의 비전을 제공하려 한다. 나아가 평화 세우기의 다양한 접근방법들이 폭력을 다루기 위한 장기적인 구조적 변화를 일으키며 함께 일하는 방식을 보여주려 한다.

2. 전략적 평화 세우기란?

평화 세우기는 여타 분야들과 마찬가지로 지지자, 비평가, 관중이 있다. 사람들은 "평화 세우기"라는 용어를 매우 다른 방식으로 사용하고 있다. 어떤 사람들은 전쟁에 따라오는 활동을 설명하는 데 사용하고, 다른 사람들은 평화에 초점을 둔 새로운 개발 방식을 정의하는 데 사용한다. 또 다른 사람들은 아직도 평화 세우기를 관계적이고 심리적인 과정으로만 보거나 갈등전환이라는 개념과 상호교환적으로 사용한다. 이번 장은 이러한 평화 세우기에 관한 오해와 그 진정한 의미를 살펴보려 한다.

평화 세우기 분야는 세계에서 가장 심각한 폭력 사건에 대응하여 생겨났다. 전세계에서 계속되는 가난, 증가하고 있는 범죄, 인종차별과 압제, 여성에 대한 폭력, 또한 인종, 이념, 계층 분리가 세계적인 무기 무역에 힘입어 발생한 리베리아 전쟁 혹은 콜롬비아 전쟁과 같은 사례. "이러한 문제와 관련해 어떤 일이 일어나고 있는가"라는 질문에 대한 모든 대답은 평화 세우기의 한 과정으로 볼 수 있다.

평화 세우기는 폭력을 예방, 감소, 전환할 방법과 모든 형태의 폭력국내의 불안으로 아직 이어지지 않은 구조적 폭력까지도―으로부터의 회복 방법을 모색한다. 동시에 평화 세우기는 사람들이 자신과 주변환경을 지속하게 하는 모든 수준의 관계를 조성하도록 힘을 불어넣는다.

평화 세우기는 사회 모든 수준에서의 관계 발전을 지향한다. 사람들 사이와 가족, 공동체, 조직, 기업, 정부 안에서의 관계, 그리고 문화, 종교, 경제, 정치 단체와 사회운동의 관계가 이에 해당한다. 관계는 사회적 자본과 권력의 한 형태이다. 사람들 사이의 관계가 형성되면 갈등을 건설적으로 다루기 위해 서로 협력할 가능성이 높아진다.

평화는 자연스레 생기는 것이 아니다. 평화는 장기적인 계획을 위한 의사결정, 잠재적인 갈등 예측, 진행중인 갈등 분석과 지역상황 분석 참여, 모든 종류의 갈등과 사회계층, 그리고 그 주체들의 활동을 조정하는 것에 많은 노력을 기울일 때 한 단계씩 이뤄진다. 전략적인 평화 세우기는 평화를 만들기 위해 복잡한 작업들이 필요하다는 것을 잘 알고 있다. 평화 세우기는 자원, 주체, 접근방법이 장기적으로 여러 목적을 이루고 갖가지 이슈들을 드러내기 위해 서로 조정될 때 비로소 전략적 평화 세우기가 된다.

평화 세우기는…가 아니다

● **평화 세우기는 부드럽거나 이상적이지 않다**

많은 사람에게 평화라는 개념은 폭력이 가득 찬 세계에서 아주 멀리 있는 꿈과 같다. 전략적 평화 세우기가 정의로운 평화를 장기적인 비전으로 두고 있지만, 기본적으로 현실에서 일어나는 복잡한 일들을 즉각적으로 다루어야 하는 것도 사실이다. 피스빌더들에게는 현실에서 정치적으로 계획적이어야 하는 동시에 장기적인 목적을 위한 가치와 원리에 기반을 두고 일해야 하는 어려움이 있다.

- **평화 세우기는 갈등전환과 똑같은 개념이 아니다**

갈등완화, 갈등관리, 갈등해결, 갈등전환은 인간 관계를 쌓고 갈등의 원인을 파악하기 위해 대화, 중재, 협상 과정과 같은 유사한 해결방법들을 사용하지만, 평화 세우기는 훨씬 다양한 과정들을 포함한다.

- **평화 세우기는 전쟁 이후의 사회만을 위한 것이 아니다.**

평화 세우기는 폭력을 예방하고 인간필요를 만족시키기 위한 하나의 방법으로써 모든 사회에 적용되어야 하는 개념이다. **갈등 예방**으로도 알려진 예방을 위한 평화 세우기는 폭력 없이 갈등을 다룰 수 있는 사회를 만드는 것을 목표로 한다.

- **평화 세우기는 서구적인 개념에만 바탕을 두고 있는 것은 아니다.**

평화 세우기의 가치, 기술, 분석 도구와 그 과정은 다양한 문화를 바탕으로 하고 있다. 모든 문화는 평화 세우기로부터 배울 것이 있겠지만 동시에 그에 일조할 수 있는 가치를 가지고 있다. 회복적 정의, 중재, 그리고 비폭력 행동과 같은 여러 평화 세우기 절차들은 다른 문화로부터 서구

세계로 도입된 것이다.

● **평화 세우기는 갈등을 회피하거나 구조적 폭력과 부당성을 간과하지 않는다**

어떤 사람들은 평화 세우기 분야를 "구급차"처럼 폭력을 예방하기 보다 위기 대응에만 집중한다고 비판하기도 한다. 그러나 전략적 평화 세우기 틀에서는 폭력을 예방하는 것과 정의로운 사회 구조를 만드는 것의 중요성이 함께 강조된다.

전략적 평화 세우기는 공간을 연결하는 것이다

18쪽에 있는 도표는 평화 세우기에 대한 여러 접근 중 일부를 보여주고 있다. 평화 세우기를 위해서는 협업을 위한 연결된 공간 또는 평화로의 복합적인 접근이 필요하다.

이 도표는 주체나 이슈보다는 평화로의 접근방식들을 나타내고 있다. HIV/AIDS 혹은 환경 오염처럼 갈등과 관련된 여러 이슈들을 드러내기 위해 교육, 경제적 개발, 그리고 갈등전환 과정과 같은 여러 접근법을 사용 할 수 있다. 이 책에서 제시하고 있는 여러 접근법이 도표에 간략히 나타나 있다.

여러 접근방식들은 각각 특정한 역할을 가지고 서로 보완하는 관계에 있다. 평화 세우기의 도전과제 중 하나는 이러한 접근법들이 "어떻게 평화를 위해 하나로 모일 수 있는지"라는 비전을 꾸준히 지지하는 것이다. 평화를 만드는 주체들은 다른 접근 방식이 각자의 일에 어떻게 도움이 되는

지 혹은 다른 사람들에게 자신이 어떤 도움이 될 수 있는지 모를 수 있다.

평화 세우기를 위해 "공간을 창조"한다는 개념은 주요한 전략적 원리 중 하나이다. 종종 평화를 위해 일하는 사람들이 공동으로 일하면서 그들의 성공과 어려움을 나눌 물리적 공간이 없는 경우가 있다. 연결점nexus을 시각적으로 표현한 이 도표를 보면 서로 다른 접근법간의 협동과 교환을 위한 만남 장소와 공간 창조가 의미 있게 나타나고 있다.

가치, 관계 기술, 분석 틀과 절차는 도표에서 교차점으로 표현되었다. 다음 장은 이러한 가치, 기술, 분석 틀, 그리고 과정을 더욱 자세히 다룰 것이다.

평화세우기 접근법의 접점

- 거버넌스 정책제안
- 분쟁전환
- 회복적 정의 전환적 정의
- 군사개입 군사개조
- 법률/사법 체계
- 트라우마 치료
- 환경보호
- 연구와 교육
- 인권
- 시민행동/아드보카시
- 인도주의적 지원
- 교육
- 조기경보 조기반응
- 경제,사회, 정치 개발
- 민간/군인 평화유지단

중심: 평화세우기
- 가치
- 기술
- 분석
- 절차

3. 평화 세우기를 위한 가치

평화 세우기는 여러 가치에서 비롯되었다. 가치는 모든 의사결정에 방향을 제시한다. 이상적으로, 사람들은 그들의 삶과 선택이 어떻게 다른 사람들에게 영향을 미쳤는지 되돌아 보면서 평화를 만들어 가기 시작한다. 사람들이 평화를 만들기 위해 다른 사람들과 일할 때 종종 그 가치는 감추어져 있거나 겉으로 표현되지 않는다. 그러나 '평화 세우기를 통해 무엇을 성취할 것인가'라는 질문은 가치를 밖으로 드러낸다. 일반적으로, 평화 세우기는 인간의 기본 필요를 충족시키고 인권을 보호하는 것에 가치를 둔다.

인간의 기본 필요와 인권

평화 세우기는 삶의 지속가능성과 삶의 질을 가치 있게 여긴다. 평화 세우기는 인간의 필요를 충족 시키는 인권을 보호하여 인간의 존엄성을 확고히 지키는 사회를 만드는 것을 목표로 한다. 평화를 만드는 사람들은 환경을 보호할 책임도 진다.

문명의 초기부터 오늘날까지 종교 전통 대부분은 인간의 필요를 충족시키는 관계를 촉진해왔다. 제2차 세계대전 이후의 인권헌장 서문은 정부가 인권법 보호와 촉진을 통해 인간의 필요를 다루어야 한다는 기대를 높였다.

인간에게는 물질적, 사회적, 문화적 필요와 권리가 있다.[1] 인권은 사회의 모든 수준에서 사람들의 도덕적 지침이 된다. 또한 어떻게 사람들이 최소의 폭력과 최대의 공익을 추구하며 살 수 있는지, 취할 수 있는 모든 형태의 결정을 내리도록 방향성을 제시한다.

- **물질적 필요와 물질적 권리**는 물질적 필요를 만족시키기 위한 음식, 안식처, 물, 보건, 자원을 포함한다. 이는 응보적 정의 혹은 부, 교육, 일자리의 균등분배를 통한 경제적 권리를 보호하는 사회를 필요로 한다.
- **사회적 필요와 사회적 권리**는 인간의 존엄성, 소속감과 관계의 예측가능성, 공격으로부터의 보안, 삶에 영향을 미치는 결정에 대한 참여권과 영향력, 다른 사람으로부터 존경과 존중을 받을 수 있는 능력을 포함한다. 사회적 필요와 사회적 권리는 절차적 정의를 통해 사회, 시민, 정치적 권리를 보호해주는 사회를 필요로 한다. 이는 민주주의적 구조, 법치, 문화간 이해를 촉진시킬 교육과 역량강화empowerment를 위한 사회적 정의 프로그램을 포함한다.
- **문화적 필요와 문화적 권리**는 탄압, 두려움, 위협 없는 개인적, 문화적, 종교적 정체성을 통해 삶에 의미를 부여하는 능력을 말한다. 문화와 종교는 사람들에게 의미와 목적, 정체성을 부여한다. 이는 사회가 이해와

관용을 키우는 법과 교육체계를 통해 종교자유, 소수인권, 그리고 다양한 사회권과 시민권을 지켜줄 것을 요구한다.

사람들은 그들의 필요를 어떻게 채울 것인지 선택한다. 누구나 먹을 것이 필요하지만 모두 같은 음식을 먹을 필요는 없다. 누구나 존중이 필요하지만 사람들은 다른 방식으로 존중을 주고 받는다. 인간은 종종 다른 사람들과 같은 방식으로 그들의 필요를 채우려 한다. 다른 사람들, 특히 권력자들의 욕구를 모방하여 그 집단에 소속되고자 한다.[2]

욕심과 필요를 구분하기 힘들 때가 있다. 어떤 사람은 다른 사람들에게 피해를 입히면서까지 자신들의 필요를 채울 권리가 있다고 생각한다. 욕심은 과도한 양의 물질적 자원, 의사결정능력을 쌓고 존중을 과도하게 받으려는 욕구다. 내재화된 우월감과 욕심은 과도한 요구를 만들어 낸다.

필요를 만족시키고 권리를 보호하기 위한 선택을 할 때, 평화만들기는 **상호의존성, 동반자관계, 폭력 제한의 윤리**가 필요하다.

상호의존성

인간은 상호의존적이다. 모든 개인 혹은 집단의 기본 필요와 권리는 그것이 만족되지 않으면 겉으로 퍼져 나와 모든 인류에 나쁜 영향을 준다. 사람들이 다른 사람과의 상호의존성에 대해 인식하고 그것에 가치를 부여할 때, 사람들은 다른 사람들에게 피해를 주지 않고 기본 필요와 권리를 만족시키기 위해 함께 노력한다. 예를 들어, 특정인들의 기본 필요가 계속 충족되지 못하는 세계에서 부자들이 보안과 같은 필요를 충족시키기란 쉽지 않다.

동반자관계

지배할 것인가? 지배를 받을 것인가?에 의해 지배되는 세계관은 폭력의 토대가 된다. 동반자관계의 가치는 지배의 대안이라는 것이다. 이는 사람들이 서로의 필요와 권리를 만족시키기 위해 권력을 다른 이들과 함께 사용하도록 격려하는 것이다. 관계가 평화주의적이고, 지배보다는 동반자관계의 가치를 바탕으로 할 때, 사람들은 그들의 필요와 권리를 만족시키기 위해 서로 협력하고 격려한다.

폭력 제한하기

사람들은 무엇을 소비하고 무엇을 소비하지 말아야 하는지, 다른 사람과 어떻게 소통해야 하는지, 필요를 충족하기 위해 언제 힘을 사용해야 하는지 등을 선택하면서 여러가지 방식으로 서로에게 상처를 준다. 사람들이 자유와 안보, 사유 재산과 분배적 정의를 추구하는 동안 갈등이 발생한다. 한 사람 혹은 집단의 인간적 필요와 권리를 추구하기 위해 사용하는 모든 종류의 폭력은 다른 사람의 권리를 해치고 방해한다. 개인과 집단이 서로에게 폭력을 사용할 때 폭력의 굴레가 생긴다.

폭력과 피해의 정도는 하나의 연장선상에 있다. 평화 세우기는 사람들이 그들의 필요를 충족시키기 위해 사용할 비폭력적 선택의 수를 늘리고 사람들이 가장 덜 폭력적인 선택을 하도록 돕는 것이다.

정의, 정의평화 그리고 **인간안보**라는 개념은 평화 세우기의 가치를 보여준다. 정의는 사람들이 필요를 충족시키기 위해 그들의 환경을 만들어 가는데 참여할 수 있을 때 존재한다. 또한 정의는 사람들이 다른 사람들의 인권을 존중하고, 다른 사람의 권리를 해친 사람들이 피해자와 넓게는 공동체에 책임을 느끼도록 하는 절차를 따를 때 존재한다.

정의평화라는 개념은 정의가 폭력적으로 추구된다면 또 다른 부정의에 도움이 될 뿐이며 정의없는 평화는 지속되기 어렵다는 사실을 시사한다.

인간안보는 사람들이 직접적이며 구조적 형태의 폭력에서 벗어나 안전할 때, 그리고 그들의 기본 필요와 권리를 만족시킬 수 있을 때 존재한다. 인간안보는 영토나 국가 이익을 지키는 것에 초점을 둔 전통적인 국가 중심의 안보 개념을 대체하거나 확장시키는 것을 목적으로 한다. 또한 질병, 가난, 범죄, 그리고 삶의 질을 낮추는 다른 요소들을 줄이는 것을 목적으로 한다.

이 책에서는 독자들을 위해 종교적이지 않은 일반용어들을 사용하고 있지만, 종교그룹들은 이러한 개념들을 이해하기 위한 자신들만의 익숙한 방식을 사용하고 있다. 여러 종교인들은 사람들 사이의 화해, 평화, 정의 추구를 인간을 향한 신의 의지라고 이해한다. 평화 세우기는 종교적인 작업이기도 하며 따라서 중요한 정신적 차원이 내포되어 있다.

여기에 묘사된 가치들은 평화 세우기를 이끄는 것들이다. 개인과 조직은 가치를 통해 결정을 내리고 일을 평가할 수 있다. 11장에서 우리는 어떻게 이러한 가치들이 평화 세우기에 실제로 적용되는지 설명할 것이다. 그러나 가치만으로 평화를 세우기에는 충분하지 않다. 사람들은 관계 기술을 통해 가치에 따라 행동하도록 도움을 얻을 수 있기 때문이다.

4. 평화 세우기를 위한 관계 기술

갈등은 인간관계의 자연스런 부분이다. 평화 세우기는 무장단체 사이의 큰 분쟁부터 조직과 공동체에서 생활하고 일하면서 일어나는 일상생활의 작은 갈등까지 모든 것을 다룬다. 갈등은 공동체가 어디에 우물을 팔 것인지, 어떤 학교의 교육과정을 사용할 것인지, 어떤 지도자를 뽑을 것인지를 결정할 때 생긴다. 평화를 세우는 사람들 사이의 갈등은 사업지원금을 찾거나, 기회를 두고 협상하거나, 자신들이 한 일에 인정을 바랄 때 발생한다.

갈등 상태에 있는 집단들은 종종 심각한 내부갈등도 경험하는데, 이것은 결국 상대 집단과 소통하려는 노력을 방해한다. 또한 고위급 지도자들은 너무나도 자주 그들이 대표하는 사람들의 동의 없이 협상 테이블에 나온다. 평화 세우기 분야에서 일하는 사람들이 이러한 기술들을 관계 속에서 배우고 연습할 수 없다면, 평화를 세우는 능력은 크게 저해 될 것이다.

다음에 나열된 것은 갈등을 건설적인 방법으로 다루는 데 필요한 관계 기술이다.

● **자기 반성 기술**은 다른 사람들과의 관계에서 나타나는 자신의 행동 방식을 통해 통찰력을 얻고 건강한 삶의 선택하도록 도와준다. 이러한 기술은 사람을 다양한 환경과 상황에 적응할 수 있도록 도우며 그들 안의 평화를 경험하게 한다.

● **경청 기술**은 사람들이 소통을 위해 언어적 비언어적 방법을 사용하도록 하며 다른 사람의 경험과 시각을 존중하고 집중하도록 돕는다.

● **외교적이고 자신감 있는 말하기 기술**은 현재 혹은 잠재적으로 논쟁이 되는 이슈에 대해 다른 사람이 듣고 이해하기 쉬운 방법으로 소통하도록 돕는다.

● **대화를 이끌어내는 열린 질문**appreciative inquiry은 다른 사람과의 관계에 도움이 되는 자신만의 장점과 성공기법을 찾도록 한다.

● **창조적인 문제 해결 기술**은 어려운 문제를 해결하기 위한 새로운 방법에 대해 생각하고 발견해 내도록 돕는다.

● **대화 기술**은 상호 이해와 전환을 위해 다양한 개인과 집단이 진실되게 소통하도록 돕는다.

● **협상 기술**은 사람들이 자신의 필요를 주장할 때 지속적인 해결법을 위해서는 다른 사람의 필요도 고려해야 한다는 것을 이해할 수 있도록 돕는다.

● **중재 기술**은 사람들이 협상과정에서 서로 만족스러운 해결법을 찾도록 돕는다.

이러한 기술들은 주로 9장에서 논의될 갈등전환, 회복적 정의, 트라우마 치료 분야에서 비롯되었다. 관계 기술은 개인이 그들의 삶에 영향을 주는 중요한 결정에 참여하는 모든 민주주의 절차의 기본이 된다. 관계 기술은 평화 세우기라는 큰 바퀴에 기름칠을 해주는 것과 같다. 이것이 없다면 평화 세우기는 피스빌더들과 증오로 가득찬 사람들, 그리고 인간 필요보다는 권력에 기반한 정치적 결정에 관한 갈등으로 무너지고 말 것이다. 그러나 관계 기술만으로는 부족하다. 다음 장에서 탐구할 분석 틀은 우리가 평화 세우기를 이해하는 데 또 다른 시각을 더해 줄 것이다.

5. 평화 세우기를 위한 분석

갈등과 폭력은 늘 복잡하다. 분석 도구는 복잡한 갈등에 대해 우리가 알고 있는 것을 조직하도록 도와줌으로써 우리가 어느 상황에 개입해야 하는지 알수 있게 한다. 평화 세우기에 유용한 여러 분석 도구는 이 책이 허용하는 범위를 넘어서는 것이 많다. 그러나 갈등의 근본 원인을 다루기 위해서 최소한 다음의 세 가지 주요 분석 원리를 기억할 필요가 있다.

지역 상황을 이해하라

평화를 만드는 사람들은 무엇에 대한 갈등인지, 어떤 사람이 영향을 받는지 혹은 누가 관련되어 있는지, 무엇을 멈춰야 하는지, 무엇이 사람들을 갈라놓거나 연결시키는지, 무엇이 분쟁의 취약성을 더욱 약화시키는지 알 필요가 있다. 더 많은 피스빌더들이 지역상황을 잘 이해 할수록 그들이 평화에 성공적으로 기여할 가능성이 높아진다.

폭력을 쓰는 사람들은 언제나 폭력을 정당화할 방법을 찾는다

자신들의 물질적, 사회적, 문화적 필요를 충족시키지 못한 사람들은 종종 불의와 트라우마를 경험한다. 다른 사람들이 자신들을 모욕했거나 자신이 부당한 처우를 당했다고 느끼면 사람들은 스스로 신체적, 사회적, 문화적 정체성을 보호하기 위해 싸움이나 죽음까지 마다 않는다.

갈등은 자신의 욕구를 충족시키기 위하여 다른 사람의 필요를 충족시키지 못하도록 방해하거나 위협하는 사람들을 발견할 때 발생한다. 갈등은 건설적 혹은 비건설적으로 다뤄질 수 있다. 갈등은 관련된 모든 사람들의 욕구를 만족시킬 방법이 마련되었을 때 건설적으로 다뤄진다. 사람들은 동감을 거의 느끼지 못하거나 자신들의 욕구를 만족시킬 비폭력적인 방법을 찾아내지 못하면 폭력에 의지하는 경향이 있다. **폭력**은 사람들이 다른 사람들의 기본 필요를 좌절시키거나 부인하며 인간관계를 해치거나 파괴시키는 방향으로 갈등을 다룰 때 발생한다.

폭력은 정의를 실천하거나 do justice 불의를 없애려는 undo injustice 시도이다. 우간다의 소년병은 소속감이나 정체성, 아니면 음식을 얻기 위한 방법으로 반군에 동참할지 모른다. 반군 지도자는 더 높은 지위나 부를 얻기 위해 폭력을 사용할 수도 있다. 평화 세우기는 그러한 필요를 충족시킬 비폭력적인 방법, 즉 대안을 찾기 위해 충족되지 않은 필요가 무엇인지 찾아낸다.

모든 형태의 폭력은 서로 연관되어있다

구조적 폭력은 시스템, 조직, 혹은 정책이 다른 사람들의 희생을 대가로 일부의 필요와 권리를 만족시켰을 때 발생하는 장애, 격차, 그리고 죽음까지 의미한다. 폭력은 사회 격차를 더 크게 만들고, 다른 사람들의 희생으로 특정한 민족, 종교, 계급, 나이, 언어, 성별 집단의 필요를 만족시키는 구조를 지속시킨다. 실패한 정부 혹은 제 역할을 못하는 정부가 늘어나는 것은 특정 국가들이 국민의 기본 필요를 충족시킬 적절한 환경을 제공하지 못하고 있다는 것을 나타낸다. 경제적, 사회적 격차를 허용하거나 그것을 촉진시키는 사회는 특정한 집단을 의사결정과정과 공공생활에 깊이 참여하지 못하도록 소외시키거나, 특정한 사람들이 여러 종류의 폭력 때문에 더욱 고통 받도록 피해를 준다. 구조가 폭력적이면, 문화 전체가 감염된다.

구조적 폭력은 시민전쟁, 범죄, 가정폭력, 약물남용, 자살을 포함하는 이차적 폭력을 야기한다. 이러한 결과는 구조적 폭력이 인간필요와 권리를 충족시키는 과정에서 막대한 격차를 만들어 냈을 때 발생한다. 다른 사람에게 개인적으로 모욕감을 주고 피해자의식을 갖게 하는 여러 범죄 행동은 구조적 폭력에서 비롯된다. 예를 들어, 재소자와 가난한 환경에서 성장한 사람 혹은 폭력적인 가정에서 기회를 거의 얻지 못하고 지속적으로 모욕을 당하며, 존중 받지 못했던 환경에 있는 사람들 사이에는 분명한 상호관계가 존재한다. 부자와 가난한 사람들 사이의 수입과 재산의 차이는 모든 도시, 주, 혹은 국가에서 살인율을 예측하는 가장 확실한 기

준이다.[3)]

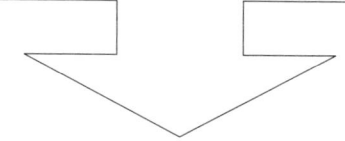

자신의 욕구를 충족시킬 건설적인 방법을 찾지 못한 사람들은 끊임없이 순환되는 피해자굴레를 만들어내고 만다. 다양한 종류의 폭력은 마치 바이러스처럼 빠르게 퍼져간다. 33쪽에 있는 표식은 구조적 폭력과 그 결과로 나타나는 세 가지 형태의 이차적 폭력 사이의 연관성을 보여준다. 이 세 가지 분석 원리는 평화 세우기 절차의 범위를 알아보는 데 기본이 된다. 성공적인 평화 세우기 절차는 지역 내외의 자원으로 폭력을 예방, 감소, 전환시키는 것을 돕고, 사람들을 폭력에서 회복하도록 돕는다. 11장에 있는 "평화 세우기를 위한 전략적 계획"은 각각의 상황에 유용한 절차를 결정하는 데 필요한 다양한 분석도구를 다룰 것이다. 다음 장에서는 평화 세우기를 위한 다양한 절차를 살펴보도록 한다.

6. 평화 세우기 절차 둘러보기

평화 세우기는 폭넓은 접근법이 필요하다. 평화 세우기 역학관계 nexus에 포함된 접근법은 그 구체적인 역할에 따라 네 가지로 나누어 묶을 수 있다.

갈등을 비폭력적으로 유지하기

변호인advocates과 활동가들은 이슈를 드러내고, 관계를 전환시키는데 필요한 조건을 마련하기 위해 집단의 힘을 키워 변화를 위한 뒷받침을 마련하려 한다.

직접적인 폭력 줄이기

직접적인 폭력을 줄이려는 노력은 폭력 가해자를 억제하고 피해자를 고통으로부터 즉시 벗어나게 하며, 폭력을 예방하고, 평화 세우기 활동을 위한 안전한 공간을 만들어내는 것을 목적으로 한다. 일단 이러한 노력이 일어나면 다른 절차를 통해 폭력의 근본 원인을 다룰 수 있게 된다.

관계 전환시키기

평화가 폭력을 대신하게 하려면 트라우마를 다루고, 갈등을 전환하고, 정의를 이루는 다양한 절차를 이용하여 관계를 다시 만들어야 한다. 이러한 절차들은 인간의 필요를 다루기 위한 장기적이고 지속가능한 해결법을 만들어낼 기회가 된다.

역량 만들기

장기적인 평화 세우기 노력은 필요와 권리를 충족시키기 위해 이미 존재하는 역량을 활용한다. 여기서 노력이란 교육과 훈련, 개발, 군사 대화

평화세우기 지도

비폭력적으로 갈등 뒤흔들기
- 감시와 어드보카시
- 직접 행동
- 민간기반의 방어

역량 만들기
- 훈련과 교육
- 개발
- 군사 대화
- 연구와 평가

직접 폭력 줄이기
- 합법적이고 정의로운 구조
- 평화유지
- 군사대화
- 정전협정
- 평화 구역
- 조기경보프로그램

관계 전환하기
- 트라우마 치료
- 갈등전환
- 회복적 정의
- 전환적 정의
- 거버넌스와 정책수립

와 전환, 연구와 평가를 통해 폭력을 예방하는 것을 말한다.

많은 주체들이 다양한 평화 세우기 분야에 관련되어 있지만, 이 지도는 각기 다른 평화 세우기 접근법의 독특한 목적에 강조점을 두었다. 이러한 접근법은 종종 동시다발적이거나, 끊이지 않고 계속되며, 상호의존적이다. 다음 네 장에서는 다양한 접근법들이 보완적인 역할을 감당하는지 볼 수 있도록 평화 세우기 세부 분야의 목적과 기능에 대해 살펴볼 것이다.

7. 갈등을 비폭력적으로 유지하기

어떤 갈등이 힘의 불균형 상태에 있고, 이슈에 대한 대중의 인식이 거의 없다면, 갈등상황에 있는 집단들을 협상에 응하게 하는 것은 매우 어려운 일이다. 이러한 조건에서 대화에 응했던 사람들은 힘이 더 있는 집단들이 진심으로 협상하지 않고 필요한 구조적 변화를 취하지 않는다며 종종 협상이 불만족스럽다고 여긴다. 이 경우, 전략적인 비폭력 행동을 통해 갈등을 비폭력적으로 유지하는 것이 중요하다.

비폭력 행동은 대중인식을 높이고 힘의 균형을 맞추는 것을 목적으로 한다.

전략적 비폭력은 폭력을 사용하지 않고 갈등을 고조시킴으로써 변화를 이끌어내는 하나의 접근법이다. 전략적인 비폭력은 수동적이지 않고, 매우 직접적이며 설득력 있게 갈등을 다룬다. 비폭력 행동은 대중의 인식과 공감을 일으키고, 어떻게 갈등상황에 있는 집단들이 상호의존적인 관계에 있는지 이해를 증진시키며, 갈등에 얽힌 모든 사람의 필요와 요구를 받아들이도록 다른 사람들을 납득시키고 압력을 가해 힘의 균형을 되찾게 해준다.

사람들이 폭력 대신 비폭력 행동을 사용하기로 결정하는 데는 여러 이

유가 있다. 전략적인 논쟁은 역사적으로 행해진 폭력적인 행동의 비효율성을 지적하고 있다.4) 다른 사람들은 비폭력 행동이 폭력을 사용하는 것보다 비용이 덜 들기 때문에 더 효율적이라고 본다. 또한 라틴 아메리카에서 비폭력 행동은 가난한 자들의 무기라고 불린다. 시위, 집회, 파업, 혹은 불매운동을 계획하는 것은 비싼 무기를 필요로 하지 않기 때문이다. 종교계 인사들은 비폭력 운동을 도덕적으로 우월한 투쟁방법이라고 주장한다. 마하트마 간디와 마틴 루터 킹 주니어는 평화는 폭력을 통해서 성취될 수 없다고 말한다. 목적을 이끌어 내기 위해 수단들의 조화도 반드시 필요하기 때문이다.

논리야 어떠하든, 비폭력 전략은 가해자와 피해자 모든 사람들의 필요를 충족시키도록 한다. 필요에 대한 상호간의 만족감은 성공적인 협상을 위해 비폭력적으로 압력을 가하는 방법을 창조해내는 것과 사람들의 필요와 권리를 방해하는 권력을 제한하는 것에 의해 생길 수 있다.

힘 만들기

군대는 무기의 양과 군 부대의 역량으로 그 힘을 키운다. 비폭력을 사용하는 그룹들은 여러 수단들을 통해 힘을 키우며 서로가 어떻게 협동에 의존하고 있는지 보여준다.

예를 들면, 정부의 정치적 힘은 궁극적으로 시민과 세계 공동체의 동의와 협력에 의존하고 있다. 1980년대에 세계 공동체는 남아프리카에 경제 문화적 제재를 가했다. 이러한 제재들은 남아프리카가 얼마나 세계 공동체를 의지할 수 밖에 없는지 증명해 주었으며, 백인 정부가 변화를 추진하도록 압력을 가했다. 남아프리카에서 흑인 공동체들은 흑인에 대한 백인의 의존성을 보여주기 위해 백인 상점들에 불매운동을 벌였다. 이러한 전략은 남아프리카의 아파르트헤이트를 끝내는 데 일조하였다.

합기도 원리

비폭력 무술인 합기도의 원리는 어떻게 상대방의 힘을 이용하여 상대를 패배시키는지 개념화하는 과정에 도움이 되었다. **합기도** 대련에서 수비수는 공격에 저항하거나 막기보다 공격수가 움직이는 방향으로 그를 밀거나 당긴다. 이것은 저항을 기대했던 공격수가 균형을 잃게 만들어버린다. 공격수의 힘이 합기도 수련자를 지배하거나 제어Control하지 못하도록 만든 것이다.

비폭력 행동은 상대방의 폭력을 그들 스스로와 세계 공동체에 노출시킨다. 시민권 운동 당시 백인 경찰이 어린이들을 포함한 시위자들을 때리고 경찰견으로 위협했을 때, 미국과 전세계 사람들은 격분하며 사건에 즉시 응답했다. 그 백인 경찰은 그들 스스로와 세계에 인종차별적인 구조를 뒷받침하는 것이 무엇인지 보여주었다. 그들 자신의 폭력 행동이 스스로를 몰락하게 했던 것이다.

진 샤프는 비폭력적으로 갈등을 유지하기 위한 200여 가지의 비폭력 전략들을 목록으로 만들었다.[5] 그 전략들은 감시와 옹호, 시위와 설득, 비협조, 개입이라는 네 가지 범주 중 하나에 속한다.

갈등을 유지하는 비폭력 전략

감시와 어드보카시

어떤 그룹들은 현안을 감시하고 변화를 옹호하는 것을 통해 갈등을 비폭력적으로 고조시킨다. 예를 들어 인권단체와 환경단체는 국가와 기업들을 감시하고, 어떤 그룹들은 인권과 환경을 보호한다. 또한 이러한 단체의 보고는 힘을 잘못 사용하는 데 대한 대중 인식을 높인다. 뿐만 아니라 피해 정도를 판단하는 객관적인 기준이 필요한 평화 세우기 절차, 즉 협상에 사용될 수 있는 인권 학대 기록으로 사용된다.

앰네스티 인터네셔날은 "수치심의 동원력"이라는 표현을 사용하는데, 이는 한 단체가 국가, 기업, 혹은 집단을 맹렬히 비난하고 수치심을 주어 행동을 변화시키기 위해 많은 사람들을 동원할 때 일어나는 역학을 설명하는 용어이다. 수치심을 동원하는 것은 변화를 이끌기 위해 대중 인식을 높이고 단체의 힘을 키우는 한 방법이다.[6]

사람에게 수치심을 느끼도록 하는 것이 아니라, 그들의 행동에 수치심을 일으키는 것이 중요하다. 수치심을 일으키는 목적이 다른 사람과의 상호의존성을 거부한 집단들을 고립시키는 것이 아니라, 그들의 행동을 변화시키는 것이기 때문이다. 만약 우리 대 그들이라는 이념이 집단에 더욱 단단히 자리잡아 폭력을 훨씬 많이 사용하게 한다면 수치심을 통한 고립은 역효과를 낳을 수 있다.

시위와 설득

이 접근법은 부정의에 대한 인식을 높이고 출판, 연설, 행진, 관심을 끌기 위한 상징적인 추모행사와 같은 공공행동을 통해 폭력 가해자에게 수치심을 일으키는 것을 목적으로 한다. 2002년 케냐의 선거에서, 시민사회단체들이 포스터로 벽을 도배하고 모두가 평화로운 선거를 만드는 데 책임이 있다고 라디오 방송을 내보냈던 적이 있다. 이것은 지도층에 역사적인 변화를 가져오는 데 일조했으며 선거와 관련된 사망사건을 크게 줄였다.

비협조

이 비폭력 행동은 사람들이 다른 집단에 저항하기 위한 방법으로 평범한 활동을 멈추는 불참 행위에 중심을 둔다. 샤프는 비협조의 형태를 세 종류로 구별했다.[7] **사회적 비협조**는 스포츠 경기나 사회 행사, 학생들에 의한 동맹 휴교, 다른 도시로부터의 이주와 같은 보이콧을 포함한다. **경제적 비협조**는 불매운동, 집세 납부 거부, 은행 예금이나 투자 회수, 파업 혹은 태업, 문제가 되는 정부나 기업에 대한 제재 혹은 수출금지조치 등이다. **정치적 비협조**는 선거 혹은 정부 기관에 대한 불참 운동, 아파르트헤이트와 같은 부당한 법에 대한 시민 불복종, 정부 권위를 인정하지 않는 행위를 포함한다.

민간 방어는 군사 공격에 대항하기 위한 비협조 전략의 하나이다. 이는 공격을 방어하기 위해 비무장 민간인을 군대와 함께 혹은 군대 대신으로 사용한다. 민간 방어는 공격자들에 협력하는 것을 거부한다.

제 2차 세계대전 중에 덴마크는 나치 점령에 적극적으로 저항하며 다수의 유대인 인구를 성공적으로 구한 유일한 나라였다. 나치가 유대계 덴마크인들에게 노랑색 별을 달도록 강요하자 유대계가 아닌 덴마크인들도 별을 달아 유대인들과의 연대를 보여줬다. 나치가 유대인들을 수용소로 데려가기 바로 전날 밤, 덴마크 민간인들은 유대인들을 숨기고 어선을 태워 나라 밖으로 빼내는 엄청난 계획을 세웠다.

덴마크인들은 파업, 상징적인 침묵, 자신의 철도시설을 고의적으로 파괴하는 사보타주sabotage와 더불어 다른 비폭력적 방법들을 이용하여 나치가 덴마크를 점령하기 어렵게 만들었다. 한편, 덴마크인들은 자신들의 지역 문화를 지키고 덴마크 포크송을 부르거나 나치 군인들이 거리를 행진할 때 덴마크 왕과 정부를 지지하는 시위를 벌이는 것으로 침략국에 저항했다.[8] 덴마크의 예는 "어떻게 민간 방어를 통해 침입자들이 점령을 통해 이득을 얻는 것을 막을 수 있는 지" 보여준다.

개입

이 전략의 목적은 권력층을 방해하고 사람들을 동원하기 위한 방법으로 폭력에 관심을 집중시키기 위함이다. **심리적 개입**은 사람들의 도덕 체계를 압박하기 위해 단식, 위험, 폭력의 세부적인 요소들을 노출시킨다. **신체적 개입**은 앉기, 서기, 눕기, 노래 부르기, 공공 장소에 진입하고 점거하기 위한 방법으로 어떤 행동을 하는 것을 말한다. **사회적 개입**은 집단 모임, 인터넷 네트워킹, 연락망, 대중드라마나 연극, 버스나 전화선 같은 공공 시설에 과부하를 가해 평범한 생활을 계획적으로 방해하는 것이 있다. **경제적 개입**은 비폭력적으로 자산과 토지를 압수하는 것과 대안적인 경제 무역 시스템이나 시장을 형성하는 것이다. 정치적 개입은 구속 요청, 정부기관 과부하 걸기, 대응 정부 설립하기를 말한다.

비폭력 행동 자체만으로는 평화를 세울 수 없다. 비폭력 행동은 갈등을 고조시키고 일시적으로 사람들과 그룹들 사이의 적대감과 긴장감을 높일 수 있기 때문이다. 정부와 힘이 있는 다른 그룹들은 자신들을 멈추기 위해 갈등을 비폭력적으로 유지하는 집단들을 더욱 폭력적으로 탄압할지 모른다. 그러나 이상적으로 비폭력적으로 갈등을 뒤흔드는 활동은 관계와 구조가 전환될 조건을 무르익게 한다. 더욱이 구조가 변화를 거부하고, 힘 있는 사람들이 대화와 협상 요청을 무시할 때 매우 필수적이다. 다음 장은 정의평화를 향해 하나의 비전을 형성하며 함께 움직이는 평화 세우기 퍼즐의 다른 조각들을 살펴볼 것이다.

8. 직접적인 폭력 줄이기

전략적인 평화 세우기의 두 번째 영역에는 국가 중심의 법률·사법 제도와 군대, 그리고 일상생활을 위한 안전한 공간을 제공하는 난민촌과 대피소 같은 민간의 평화유지 노력과 프로그램들이 포함된다. 이러한 계획은 폭력의 굴레를 가로막고 피해 예방, 가해자 제지, 안전한 공간 제공이라는 세 가지 방식으로 이후 평화 세우기의 기초가 된다.

> 이러한 전략은
> 다른 평화 세우기 절차를
> 위해 피해를 막고,
> 가해자를 제지하며
> 안전한 공간을 만드는 것을
> 목적으로 한다.

피해 예방하기

많은 내전에서, 민간인은 전략상의 표적이 된다. 민간인 학살은 또 다른 전쟁과 보복 학살의 씨를 뿌린다. 국제 사회는 르완다와 브룬디에서 대량 학살이 곧 일어날 것이라는 경고를 받았지만 그에 적절하게 대응하지 못했다. 일단 학살이 시작되었고, 폭력의 굴레는 격렬한 물살이 되어 모든 거리와 마을을 휩쓸었다. 만약 국제 평화유지군이 현장에서 민간인의 피해를 막을 수 있었더라면, 훨씬 적은 수의 사람들이 죽었을 것이며, 그렇게 많은 사람이 다른 인종 집단의 민간인을 죽이기 위해 무기를 들지는 않았을 것이다. 더 많은 피스빌더가 민간인이 피해자가 되는 것을 막을 수 있다면, 여러 전쟁과 직접 폭력의 확산 또한 막을 수 있을 것이다.

가해자 제지하기

범죄를 저지르거나 민간인을 공격한 사람들은 저지당할 필요가 있다. 서구 법률 체제는 법을 따를 수 없거나 따르지 않는 개인에게서 시민을 지키기 위해 국가기반의 법률 집행과 사법처리과정을 사용하고 있다. 물론 이런 접근이 항상 성공적이지는 않으며, 실제로 역효과를 낳을 수도 있지만, 법제도와 법체계는 여전히 중요하다. 6장에 썼듯이, 현재 잘못된 행위에 대응response하는 기존 방법을 개혁하고 발전시키기 위한 다양한 노력들이 진행되고 있다.

안전한 공간 만들기

전쟁과 폭력이 발생하는 중에는 객관적인 시각을 갖고 결정을 내리기 어렵다. 사람들은 생존 체제로 들어가고 그들의 장기적인 이해에 피해가 될 수도 있는 결정을 즉흥적으로 내리곤 한다. 이스라엘 버스에서 자살폭탄 테러가 일어나고 이스라엘인 정착촌을 만들기 위해 팔레스타인 주거지가 불도저로 밀릴 때마다 허술하게 맺어진 평화협상은 점점 영향력을 잃는다. 폭력을 줄이려는 노력은 분쟁의 열기를 식히고 다른 평화 세우기 접근을 준비하기 위한 공간을 마련한다.

안전한 공간의 개념은 세 가지 차원으로 나뉜다. 사람들이 갈등의 장벽을 넘어 만날 수 있는 물리적인 공간이다. 사람들이 그들이 선택한 갈등 대응방식을 깊게 생각할 수 있는 시간을 가질 수 있게 하는 심리적 공간이다. 그리고 사람과 분쟁 사이에 건설적인 상호작용을 길러내는 관계적 공간이다.

프로그램의 다양성은 폭력을 줄이기 위한 즉각적인 목표를 이루는 데 도움을 주며, 평화 세우기의 다른 접근을 위한 공간을 만드는 데에도 도움이 될 수 있다. 이는 체계와 인권을 지키기 위한 법률·재판 제도, 인도주의적 긴급구호, 정전협상, 평화유지, 평화지대, 고조되는 갈등을 감지하기 위한 조기경보 프로그램을 말한다.

폭력을 줄이기 위한 제도와 접근

법률·사법 제도

법률·사법 제도는 체계를 만드는 데 도움을 준다. 법률·사법 제도가 정의평화와 인간안보, 인권보호에 중점을 둘 때, 사람들이 다른 사람들로부터 방해를 받지 않고 그들의 필요를 충족시킬 수 있도록 도울 수 있다. 법률·사법 제도는 강압적인 폭력보다는 공동체를 지지하는 것을 통해 정당성을 얻어야 한다. 그러나 만약 적절한 방법으로 정당성을 얻지 못한다면 오히려 문제를 키울 수 있다. 법

법률과 사법제도는 지속가능한 평화에 필수적인 질서 유지를 도울 수 있다.

률·사법 제도는 종종 인종이나 종교, 계급, 정체성을 바탕으로 사람들을 차별하고 피해를 주는 구조적 폭력을 행사한다. 만약 법률·사법 제도가 보복을 기반으로 한다면, 사회 안에서 폭력의 굴레와 범죄가 오히려 늘어날 수 있다.

국가 기반의 법률·사법

국가 제도는 법률 집행, 법원, 특정 형태의 제재와 처벌이 포함된다. 이상적으로, 이러한 제도는 개인이 그들 스스로 혹은 다른 사람으로부터 피해를 입는 것을 보호하고, 가해자가 그들의 행동을 반성하고 변화시킬 기회를 제공하며, 가해자가 갈등을 다루는 기술과 방법을 습득하도록 하여 더 나은 선택을 하도록 북돋는다. 이러한 국가기반의 법률 제도는 질서를 유지하거나 사회통제를 위해 중요하다. 그러나 이러한 제도가 효력을 발휘하지 못하거나 부당한 사회, 혹은 많은 시민이 기본 필요를 채우지 못하거나 강경한 접근방식에 주로 의지하는 사회에서 질서를 유지하는 일은 쉽지 않다. 범죄를 줄이는 하나의 확실한 방법은 사람들이 다른 사람에게 피해를 주지 않는 선에서 그들의 필요를 충족시키도록 능력을 기르는 일이다.

마을 자율방범대와 회복적 정의 개념은 점점 주목 받고 있으며 이 때문에 범죄가 실제로 감소했다는 검증된 기록이 있다. 마을 자율방범대는 그들이 맡은 공동체에 함께 책임을 지고 협의하는 경찰 협력관계를 형성한다. 다음 장에서 더욱 자세히 다뤄질 회복적 정의 절차는 범죄와 다른 위반 행위에 대한 문제를 다룰 때 공동체의 주인의식과 책임감을 키우기 위한 방법으로 점점 더 많이 쓰이고 있다.

국제법과 정의

국제연합United Nations 설립자들은 제 2차 세계대전의 처참함에 대응하여 폭력적인 분쟁을 막고 국가에 기준을 제공하기 위해 국제법과 인권 개념을 세웠다. 이는 무장 분쟁 중에 민간인의 피해를 막거나 최소화하기 위한 전쟁규칙을 세우는 국제인도주의 법을 포함한다.

국제연합은 2002년에 국제형사재판소를 세움으로써 인권범죄에 책임을 지지 못하거나 회피하는 나라의 범죄에 책임을 지게 하였다. 이전에 일시적으로 전 유고슬라비아와 르완다의 전쟁 범죄를 심판하기 위해 형사재판소가 두 번 세워졌다. 그 효율성은 논쟁거리이지만, 이러한 재판소의 목적은 인권을 지지하고, 가해자를 저지하며, 모든 종류의 인권 침해에 가담하지 못하도록 막는 것이다.

인도적 지원

인도주의적 지원은 인간의 고통을 덜어주는 것을 목적으로 삼는다. 이는 피해자가 보복적 폭력을 저지르게 만드는 폭력의 굴레를 멈출 수 있기 때문에 평화 세우기에 중요하다. 지역 종교단체와 비영리 기구들을 통해 제공되는 음식, 피난처, 의료 지원은 폭력의 피해자를 돕는다. 위기에 처한 사람들을 돕는 일 이외에도, 이러한 단체들은 폭력에 대응하여 정부기관과 공동체를 대변하기도 한다.

전통적으로 국제 인도적 지원은 정치적 중립성과 공평성의 원리를 지침으로 하지만, 최근 연구에 따르면 현장 정치에 눈을 감는 이러한 접근법이 분쟁을 악화시킬 수 있다는 결과가 있다. 때로는 인도적 지원이 분쟁 당사자들에 의해 강탈되고 그 이윤은 더 많은 무기를 사는데 이용되기도 한다. 그럼에도, 국제 인도적 지원은 필요를 충족시키고 폭력을 줄이기 위해 중요하다. 사실, 난민촌에 음식과 물을 전달하고, 보건 계획을 세우며, 새로운 거처를 짓는 등 인도적 지원 절차에 대한 인식이 늘고 있는 것은 갈등을 넘어 협력할 수 있는 중요한 기회가 된다.

정전 협정

공식 협상의 첫 단계는 분쟁이 있는 그룹들로부터 폭력을 멈추도록 동의를 얻어내는 것이다. 정전 협정은 갈등의 뿌리를 다루지는 않지만 또 다른 협상을 위한 안전한 공간을 만들어내는 것을 목표로 한다.

전쟁에 가담한 집단들은 "비참한 교착 상태"를 경험할 때 싸움을 끝내고 싶어한다. 이는 모든 집단들이 더 이상의 영토를 얻을 수 없거나, 전쟁에 지쳤을 때, 혹은 각 집단이 협상에 이를 협상력을 충분히 갖췄다고 느낄 때 생긴다.

정전 협정 없이 통치방식과 같은 더 어려운 문제에 대해 협상하는 것이 아주 불가능 한 것은 아니지만 매우 어렵다. 만약 평화 협상이 진행되는 동안 그룹들이 계속해서 싸운다면, 새로운 단계의 폭력에 의해 상처받은 사람들은 평화 협상을 지지하려 하지 않을 것이다.

군사적 개입

어느 곳이든 군대는 다른 사람들의 폭력을 줄이는 것으로 평화를 가져 온다고 주장한다. 미국에서 무기 제조상들은 전투함이 외교의 도구이며 핵무기를 "평화해결사"라고 광고한다. 하나의 기관으로서 군대는 외교가 실패했을 때 최후의 수단으로 사용된다. 미국은 이라크전이 인권과 안보를 지키기 위해 필요한 것이었다고 정당화했다. 그러나 많은 평화 세우기 주체들은 인도주의적 군사 개입의 효용성과 규칙에 대해 논쟁하고 있다. 다른 사람의 폭력을 줄이기 위해 군사력을 쓰는 것은 어쩔 수 없이 민간인을 해치고 인권이나 안보를 지키지 못하게 될 때가 많다.

여전히, 어떤 이들은 군대가 지역 주민들과 인도주의 법을 존중하는 평화 시행 활동에 집중한다면 평화 세우기에 일조할 수 있다고 주장한다. 그들은 2004년에 아이티 국내 분쟁이 집단학살로 확산될 위기에 처했을 때 미군이 주둔했던 사실을 예로 들고, 2003년 지역 주민과 존중관계를 맺으며 직접 폭력의 정도를 줄이는 것을 목표로 했던 리베리아 미군 주둔도 예로 든다. 이러한 군대 사용은 상대편을 공격하기 위한 전통적인 군사 전략보다는 평화유지와 매우 가깝다.

평화유지

평화유지는 여러 가지 방법을 사용하여 무장 단체 사이의 폭력의 굴레를 멈추는 것을 목적으로 한다. 평화유지군은 물리적으로 무장 단체들 사이에 자리할 뿐만 아니라 폭력을 관찰, 기록, 감시하기도 한다. 그들은 지지자 네트워크가 무장 단체와 자금 제공자들에게 외교적 압력을 가하고, 분쟁 중인 집단들의 소통을 도우며, 선거를 감시하고, 국제적인 지지를 보여주기 위해 지역 사람들과 연대를 형성하도록 경고한다. 이러한 각각의 임무는 또 다른 평화 세우기 활동에 중요하다.[9] 군사와 민간 평화유지 노력은 이러한 목표와 임무를 공유하지만 사람들이 싸움을 멈추도록 하는 데에는 서로 다른 방식을 사용한다.

국제적인 차원에서, 국제연합과 지역 단체들은 **평화유지군**을 사용한다. 그들은 종종 정전 상태를 유지하고, 폭력을 제한하며, 군부대 철수와 무장단체 해체를 돕기 위해 국제 경찰처럼 활동한다. 평화유지군들은 민간인 활동가들을 보호하고 긴급 구호 자원과 긴급 구호 활동가들을 지키며 이들이 안전하게 이동하는지 확인한다.

군사적 평화유지가 중요하지만, 이 또한 많은 비판을 받고 있다. 전 유고슬라비아에는 대량학살을 막을 평화유지군이 너무 적었다. 시에라리온과 캄보디아와 같은 곳에서는 평화유지군이 주기적으로 지역 여성을 강간하거나 자신들이 식량을 얻기 위해 여성들을 사창가에 팔아넘겼다. 키프로스에서는 두 편으로 갈라진 평화유지군이 정치적인 해결을 요하는 급박한 상황을 성급히 제거해버렸다.

비무장 평화유지군, 평화단체, 혹은 제 3자의 비폭력 개입이라고 불리는 민간 평화유지군은 군인 평화유지군만큼 많은 일을 한다. **민간 평화**

유지군은 대립하고 있는 그룹 간의 싸움을 줄이거나 멈추고, 그들 사이에 도덕적 혹은 물리적 장벽을 만든다. 인도가 영국으로부터 독립한 후에 이슬람교도와 힌두교도가 길 위에서 싸우기 시작했다. 간디의 **샨티 세나** Shanti Sena 즉 "평화군"은 이 상황에 끼어들어 폭도들을 흩어지게 하였고, 집단 간의 건설적인 소통의 기회를 만들었다.

중재 평화유지군은 개인 평화유지군을 사용하여 위험에 빠진 사람들이나 집단과 동행하며 그들을 폭력으로부터 보호한다. 어떤 국제 인권 단체들은 일 때문에 협박 받거나 죽을 수 있는 지역의 인권운동가들에게 동행인을 붙여준다. 스리랑카에서 국제평화단 Peace Brigades International 은 노동운동가, 인권변호사, 정치 후보자 혹은 공무원으로 일하며 죽을지도 모른다는 두려움을 느끼는 민간인들에게 24시간 동행인을 제공한다.

남아프리카 선거기간 동안 전세계에서 찾아 온 평화 감시자들은 지역 사람들과 함께 선거 위반 사항을 기록하고, 일촉즉발의 상황에 차분함을 더하는 역할을 하였다.

평화지대

전쟁 중에는 민간인의 안전을 보장하기 어렵다. 평화지대는 전쟁 중 민간인들에게 안전한 공간을 제공하는 것을 목적으로 한다. 마을, 도시, 지역 사람들은 무장단체와 협상하여 특정 지역을 평화지대로 만들고, 누구든지 그 경계선 안에서 무기를 들지 못하도록 법으로 규정한다. 물론, 민간인들이 군대나 반군들의 전략적인 목표라면, 평화지대는 효과적이지 않을지 모른다. 만약 성공한다면, 평화지대는 모든 집단이 함께하여 싸우지 않는 지역을 정하는 작은 것에 동의할 수 있다는 사실을 확인함으로써 폭력을 줄이는 데 도움이 될 수 있다.

조기 경보와 대응 프로그램

폭력에 이르는 패턴을 규정하는 것은 공동체가 폭력적이 되기 전에 자발적으로 갈등을 다루는 정치적 의지를 생성하는데 도움이 된다. 조기 경보 프로그램은 인종과 종교 인구의 증가, 정치적 소외, 정치수감자, 무기 거래, 언론 선전, 군사이동 등의 특정한 지표에 관한 정보를 전략적으로 모은다. 조기 경보는 갈등이 집단 폭력으로 분출 되기 전에 국제적인 관심과 자원을 모으는 것을 목표로 한다. 사람들이 상처받고, 신체적인 장애를 얻고, 살해당하기 전에 그리고 한 국가의 기반시설이 전쟁으로 무너지기 전에 분쟁을 다루는 것은 훨씬 효과적이고 비용도 훨씬 덜 드는 일이다.

티끌 같은 폭력 예방 노력은 폭력 이후의 무수한 평화 세우기 만큼 가치가 있다.

이번 장에 자세히 다룬 이 프로그램은 직접적인 폭력의 굴레가 악화되는 것을 막는데 필수적이다. 그러나, 이러한 프로그램이 다른 평화 세우기 프로그램과는 적절히 어우러지지 않는다는 우려도 있고, 어떤 곳에서는 다른 평화 세우기 접근과 반대되기도 한다. 많은 나라에서 비폭력 운동가들은 법률과 재판제도에 의해 심각하게 억압받는다. 평화유지군과 긴급 구호 활동가들은 저변에 깔린 갈등의 원인들을 다루어야 할 문제에 반창고만 붙이는 해결책을 낸다며 비난 받는다. 단기간에 폭력을 줄이려는 노력만으로는 폭력이 재발되는 것을 막을 수 없다.

   직접적인 폭력을 줄이는 것을 목표로 하는 프로그램들은 인간안보와 정의평화의 가치에 기반을 두어야만 한다. 이것은 폭력의 근본 원인을 다룰 수 있는 훨씬 큰 평화 세우기 틀 안에 자리해야만 한다. 다음 장에서 관계의 본성을 전환시키는 것을 목적으로 하는 절차가 어떻게 근본원인을 다루는데 일조할 수 있는지 볼 것이다.

9. 관계 전환하기

전환이란 단어는 모든 평화 세우기 프로그램의 중요 원리이다. 평화 세우기는 개인, 가족, 공동체, 기업, 구조, 정부를 분쟁의 파괴적인 표현에서 벗어나 건설적인 성장과 개발로 전환시키는 것을 모색한다. 평화 세우기의 중점과제는 상처입고 무너진 사람들이 인간 필요를 채우고 권리를 보장받는 방향으로 움직이도록 관계를 전환시키는 것이다.

이 종류의 평화 세우기 절차는 사람들이 서로 용서하고 화해하도록 기회를 만들어준다. 그러나 관계를 완벽하게 회복하는 것은 장기적인 비전이다. 화해라는 개념은 갈등과 평화 세우기 모두에 정신적인 차원이 있다는 것을 시사한다.[10] **샬롬**의 종교적인 개념은 이러한 관점을 올바른 관계에 구체적으로 실현시킨다. 용서와 화해는 사람들이 서로 관계하는 방법에 큰 변화가 있을 것이라는 사실을 암시하지만, 그것이 관계 전환을 위한 필수조건은 아니다.

평화 세우기의 목적은 관계 속에 평화를 세우려는 핵심가치를 반영하도록 만드는 것이다. 이러한 핵심가치들에는 상호의존성을 인식하고, 사람들 사이의 지배관계 보다는 협력관계를 촉진하며, 모든 종류의 폭력을 제한하는 가운데 인간의 필요를 충족시키고 인권을 보호하는 것을 포함한다.

기둥이 세 개인 탁자처럼 올바른 관계는 상호 연관된 세 가지의 지지 절차가 필요하다. 트라우마의 이해와 치료, 갈등전환, 정의실현이 그 절차이다.

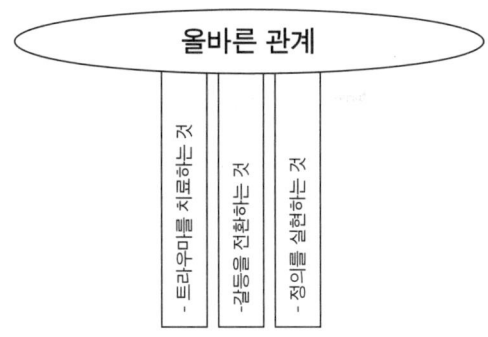

이러한 절차는 그 가치를 다루고 목적을 이루기 위해 다양한 관계적 접근을 사용한다.

트라우마의 이해와 치료

트라우마는 지속적인 육체적, 감정적, 정신적 상처를 일으키는 하나 혹은 연속된 사건이나 사건에 대한 두려움이다. 트라우마는 예를 들어 구조적 폭력, 범죄, 학대, 전쟁의 결과로 생길 수 있다. 어떤 트라우마는 사람들에게 몇 년 혹은 수십 년 동안 지속된다.

선택적 트라우마Chosen Trauma는 몇 세기를 거쳐 혹은 세대가 바뀌어도 사라지지 않는 과거의 트라우마로 보복적 폭력의 새로운 물결을 일으키려는 연대구호로 사용된다.[11]

트라우마에 반응하는 방식은 사람들마다 다르지만, 특정 패턴은 존재한다. 생리적인 영향부터 시작하여 스트레스 호르몬이 온 몸에 퍼지고 사람들은 충격과 고통을 느낀다. 그 후에 사람들은 "왜 나에게 이런 일이?"라는 질문을 하기 시작하고 그들이 받은 피해를 부끄럽다거나 모욕으로 받아들인다. 폭력을 되짚어보기 시작하면서, 사람들은 우울해지거나, 보복을 원하고, 혹은 보복이 우울증을 덜어줄 것이라고 느끼기도 한다. 트라우마를 이해하고 치료하는 회복 과정은 평화 세우기의 필수적인 부분이다. 트라우마의 이해와 치료라는 분야는 육체적, 감정적, 정신적 치료를 시도한다. 이는 사람들이 상처를 알아차리고 본인의 필요를 주장하는 공간을 제공한다. 또한 개인과 공동체가 범죄를 저지른 가해자 혹은 범죄와 관련된 다른 사람들과 만날 수 있도록 준비시킨다.

트라우마 경험은 해결되지 않는 필요와 상처를 남긴다.

트라우마의 이해와 치료는 관계를 만들고 사람들을 자기자신, 정신적 차원, 타인, 그들이 사는 환경과 다시 연결시키는 것에 목적을 둔다. 이는 트라우마가 주는 심리적인 영향을 몸 밖으로 분출하도록 돕는다. 트라우마의 이해와 치료는 피해자들이 생존자들의 공동체를 세우고 비슷한 폭력이나 피해를 경험한 사람들과 이야기를 나누며 안정을 찾을 때 가능하다. 또한 그들 스스로와 다른 사람들이 더 많은 트라우마로 고생하는 것을 막는 건설적인 단계로 나아가도록 도와준다.

트라우마의 이해와 치료를 위해서는 여러 원리가 사용된다.

트라우마를 이해하고 치료하는 회복의 원리

* 트라우마를 말로 표현하라
* 감정과 생리적 현상을 이겨내라
* 정신적인 의미를 찾아라
* 다른 사람과 의미 있는 관계를 형성하라
* 자기 조절 능력을 재정립하라
* 트라우마의 근본 원인을 찾고 그것을 누그러뜨려라 [12]

트라우마를 이해하고 치료하는 회복 프로그램 없이, 혹은 최소한 피해자의 필요에 대한 감수성 없이 인도주의적 구호활동, 평화유지, 또는 협상과 같은 평화 세우기 절차를 이루어 내기 어려울 수 있다. 트라우마를 치료하지 않으면 공격적인 행동을 일으킬 수 있다. 남에게 피해를 주는 많은 사람이 자신들이 피해자였다고 생각하거나, 혹은 아직도 스스로를 피해자로 생각하는 것은 결코 우연이 아니다. 트라우마 치료 프로그램은 피해자 스스로를 본인의 상황을 바꿀 수 있는 적극적인 피스빌더로 인식하도록 돕는다.

갈등전환

갈등전환 절차는 민주주의적인 소통을 통해 근본적인 갈등 원인을 다루고 모든 당사자에게 만족스러운 해결책을 제시한다. 갈등전환에는 여러 핵심적인 원리가 있다.

갈등전환의 원리

* 피해, 트라우마, 불의를 느끼도록 만든 경험과 이슈를 찾아낸다.
* 갈등 속에 있는 사람들 사이에 용서와 화해의 절차로 이어질 수 있는 관계를 형성한다.
* 모든 사람의 필요를 만족시키는 창의적인 해결책을 개발한다.
* 모든 사람이 자신의 갈등을 전환시키는 데 참여하도록 권한을 부여한다.

갈등전환 절차는 폭력적인 분쟁을 멈추고 끝마치게 하기 위해 모든 단계에서 필요한 것이다. 국제외교관, 정치인과 정책입안자, 기업가, 종교단체와 대중매체, 그리고 공동체 지도자의 노력이 포함된다.

갈등전환 절차는 갈등을 직접적으로 겪고 있는 그룹 간에만 유용한 것이 아니라, 연대관계에 있는 집단에게도 유용하다. 예를 들어, 갈등과 의견의 다양성은 이스라엘과 팔레스타인 그룹들 사이뿐만 아니라 그들 공동체 자체 내에서도 발생한다. 갈등전환 절차를 통해 여러 갈등그룹 간의 관계는 물론, 갈등 집단 내에도 연합과 민주적인 협상의 기회가 만들어진다. 이러한 기술과 절차는 평화 세우기 단체 내부와 단체 사이의 협조관계를 발전시키고 건설적인 관계를 세우기 위해 필요하다. 다음은 갈등전환에서 사용하는 접근법들 중 일부이다.

갈등전환의 접근법

대화

대화 절차는 중요한 이슈를 다루고 이해를 높이기 위해 여러 집단의 사람들을 조정자의 안내에 따라 만나도록 하는 절차이다. 대화는 민주주의의 필수적인 요소다. 또한 대화는 긴급한 문제에 당면하거나, 중요한 결정을 내려야 하는 공동체, 폭력을 경험하거나 위협을 느끼고, 구성원끼리 적대감을 느끼고 있는 공동체에게 특히 중요하다.

공식적인 대화 절차는 어떤 이슈를 깊이 이해하기 위해 개인적인 경험, 시각, 신념을 공유하기를 원한다. 분리된 사회에서 격을 넘어선 관계를 형성한다. 이러한 대화 그룹이 긴 시간 동안 지속되고 이슈를 다루는 행동을 취할 수 있도록 돕는다면 더욱 좋다. 대화 절차는 서로 다른 경험과 시각을 가진 사람들 사이에 소통을 증진시키고 사람 사이의 관계도 발전시킨다. 또한 대화는 사람들이 갈등의 복잡성을 더욱 확실히 느끼고 갈등의 구조적인 측면을 다루기 위한 주체성과 역량을 더 많이 갖도록 한다.[13]

원칙적인 협상

갈등의 해답을 찾는 것에 초점을 맞추어 설계된 대화가 바로 협상이다. 사람들은 비공식적으로 직장에서 하루 종일 협상을 하고, 공식적으로는 사업을 하거나 정치적인 계약을 할 때 협상을 한다. 갈등전환의 분야는 사람들을 그들 자신의 필요와 욕구를 주장하는데 지나치게 "예의 바른" "부드러운" 형태의 협상과, 다른 사람을 빌미로 자신들의 목표를 달성하려고 관계를 무시하는 "딱딱한" 협상으로부터 벗어나게 만든다. "원칙적" 협상은 모든 사람의 필요를 충족시키는 창의적인 윈-윈 해결책을 찾으며 다른 사람과의 관계 또한 유지하거나 새로 만들어가는 일련의 체계이다.14)

중재

중재는 믿을 만한 사람이 돕는 유도된 협상 절차이다. 중재자는 갈등에 놓인 사람들이 서로의 시각과 경험, 필요 밑에 깔린 정체성, 필요를 다루기 위한 창의적인 선택지를 생각해 내는 것, 그리고 최종 합의를 이끌어 내는 과정을 돕는다. 원칙적 협상처럼, 중재는 지속 가능한 윈-윈 해결책을 통한 상호간의 필요 충족을 목적으로 한다.

훈련

일반적으로, 평화 세우기 훈련 프로그램은 참가자의 역량을 증진시키는 일이다. 그러나 훈련은 갈등을 전환시키기 위한 개입이기도 하다. 소통과 협상기술훈련이라는 제목의 여러 워크숍들은 갈등상황에 있는 그룹들이 관계를 증진시키고, 중점 현안을 밝히고, 폭력적인 분쟁의 근원을 해결하기 위한 선택지를 개발하는 시간을 갖게 한다. 문제해결 워크숍은 갈등상황에서 서로 다른 입장에 있는 사람들이 중점 현안을 분석하고 문제를 창의적으로 해결하도록 돕는 기술을 배우는 훈련의 한 형식이다.

정의 실천하기

앞 장에서 폭력을 줄이기 위한 법률/사법 제도의 역할을 밝혔다면, 이번 장에서는 관계를 전환시키기 위한 법률/사법 제도의 역량에 대해 논해 보려 한다. 사람들을 명백히 피해자와 가해자로 밝히는 공식적인 법률/사법 제도는 정의를 실천하고 그 규칙을 세우는 데 중요한 역할을 한다. 그러나 이러한 제도는 정당하지 않을 수 있으며, 사람들이나 관계를 치유하고 전환하는데 관심을 거의 기울이지 않는다. 또한 피해자와 가해자가 분명히 밝혀지지 않을 때는 그 가치를 잘 발휘하지 못한다.

회복적, 전환적 정의 절차는 갈등이나 범죄에 결부된 사람들의 상처, 필요, 책임을 밝히고, 그러한 필요를 충족시키는 해결책을 만들어 낸다.

회복적 정의

회복적 정의 절차는 국가 기반 정의 제도의 대안 혹은 보충안으로 사용될 수 있다. 국가 기반 정의 제도는 누가 법을 위반했는지, 어떤 법을 위반했는지, 어떻게 국가가 가해자를 벌 주어야 하는지를 밝히는 데 집중하는 경향이 있다. 이러한 접근도 이점이 있지만, 큰 약점은 가해자가 피해자 보다는 국가에 책임을 느끼게 된다는 것이다. 피해자는 보통 법적 절차에서 완전히 배제되고, 그들의 필요와 트라우마는 다뤄지지 않는다. 가해자는 그들이 피해를 입힌 사람들에 대해 책임감을 느끼거나 이해하도록 요구를 받지 않는다.

회복적 정의는 불의 혹은 폭력, 필요 충족, 치료 촉진에서 비롯된 의무와 책임감이 무엇인지 규명하는 복합적 과정에 사람들을 참여시킨다. 회복적 정의는 사건에 대한 정보, 피해에 대해 이야기 할 장소, 가해자의 실제 정황 설명, 재판과정에서의 권위 부여, 피해자를 위한 가해자의 보상 등 피해자의 요구에 관심을 가진다. 일부 회복적 정의 과정에서는 가해자의 필요와 그들이 한 행동의 근본 원인들이 터져나온다. 정의와 평화 실천시리즈인 **회복적 정의**에서 저자 하워드 제어는 회복적 정의가 초점을 맞추고 있는 질문들을 제시한 바 있다.[15]

회복적 정의의 주요 질문
- 누가 피해를 입었는가?
- 그들의 필요는 무엇인가?
- 그 필요를 충족시킬 의무가 누구에게 있는가?
- 이 상황에서 누가 영향을 받고, 누가 이해관계에 있는가?
- 이해관계자들이 해결책을 찾는 데 사용될 수 있는 절차에는 어떤 것들이 있는가?

전환적 정의

　전환적 정의 프로그램은 정부 권위가 약하거나 존재하지 않는 전후 상황, 특히 전쟁이나 독재 상황에 처한 사회에서 운영된다. 전환적 정의 프로그램은 지역의 문화와 지역사람들의 필요와 요구를 통합하는 새로운 법률과 사법 구조, 그리고 국제인권법과 기준에 따라 기관을 세우는 것이 포함된다. 이러한 프로그램은 평화를 만들기 위한 시각으로 정의를 실현하려 노력한다. 또한 회복적 정의 원리의 일부를 사용하는 화해와 진실규명 위원회도 점점 전환적 정의에 포함되는 추세다.

　화해와 진실규명 절차는 민간인을 공격한 사람 혹은 집단을 밝혀내고, 피해자가 그들의 필요를 찾아내어 상징적/금전적 보상을 받도록 한다. 범죄의 수 자체, 그리고 전쟁 범죄에 대한 조사가 지연되면 가해자를 찾아내는 일은 매우 어렵고, 소모적이고, 비용이 많이 드는 일이 되어버린다. 가해자는 처벌에 대한 두려움 때문에 혹은 자신의 행동을 자기 방어의 관점이나 자신만의 정의를 실현하기 위한 노력이라는 관점으로 보기 때문에 범죄를 자백하지 않으려고 한다.

　남아프리카 화해와 진실규명 위원회 TRC와 같은 화해와 진실규명 프로그램은 인권침해범들이 죄를 인정하는 대가로 일종의 면죄부를 준다. 사면 프로그램은 피해자와 그 가족들이 필요로 하는 범죄에 대한 사실을 가해자 개인이 밝히는 것에 대한 보상을 준다. 사면 프로그램과 처벌 위주의 정의 프로그램간의 절충안은 가해자가 직접적으로 피해자에 책임을 느끼도록 만들고 피해자에게 보상을 주기 위해 더 많은 단계들이 필요하다.

거버넌스와 정책결정

관계는 거버넌스와 정책결정의 중심이다. 정부는 사람들이 어떻게 서로 관계를 맺고 법과 규제에 따라 결정을 내려야 하는지 안내해주는 구조이다. 정부는 일반인에게 영향을 미치는 현안을 정책으로 만드는 책임이 있다. 활발한 시민사회 집단은 주요 이해관계자들을 모으고, 중요한 이슈를 분석하고, 대중의 걱정을 다루는 창의적인 제안서를 만들어 정책결정을 지지한다. 예를 들어, 환경분쟁은 모든 집단의 이해를 충족시키기 위해 많은 이해관계자들이 참여하는 공공 절차를 통해 해결책을 찾는 경우가 많아지고 있다.

의식과 상징적 전환

이 장에 기록된 절차들은 말로 표현하는 언어적 소통을 크게 의지한다. 그러나 많은 사람들은 폭력에 대한 경험이나 필요를 말로 표현하는 데 한계를 느낀다. 의식과 상징은 사람들이 자신을 표현하는 것을 돕는 형식이다. 많은 공식적 평화협상에서 조정자들은 참여자들을 위해 잘 차려진 음식을 준비한다. 트라우마의 이해와 치료시에 사용하는 촛불, 기도, 의식은 사람들이 그들의 감정을 표현하고 트라우마를 공유해도 안전하다고 느끼게 한다. 법정에서 정의를 드러내는 상징들은 특별한 권위와 정의실현의 중요성을 강조하는 역할을 한다.

의식은 전환 절차를 돕고 강조하는 유용한 도구가 될 수 있다. 의식은 사람들의 정체성이 트라우마의 피해자에서 트라우마의 생존자로 전환되도록 도와준다. 중재를 할 때, 폐회식은 사람들이 자신을 갈등의 당사자라기 보다 동료 문제 해결사로 인식하도게 한다. 어떤 문화에서는 황소나 염소를 희생시키는 전통 의식, 특별한 차나 술을 마시는 것, 공식적인 식순을 치르는 것이 평화 세우기의 필수적인 요소로 자리한다. 공식석상에서 의식을 치루는 것은 사람들에게 평화 협정이 진지하게 진행되고 있으며 정직한 의도로 일이 진행됨을 상징적으로 보여줄 수 있다.16)

이 장에서 다룬 절차들은 평화 세우기에 필수적인 것들이다. 사실, 그러한 절차들이 평화 세우기의 심장 역할을 한다. 피스빌더들과 그들의 공동체 사이의 관계의 질은 그들이 일하는 공동체를 동원하는 데 그들이 얼마나 효과적일 지에 영향을 미친다. 트라우마를 다루고 갈등을 전환하며, 공동체와 정의를 회복시키는 기술과 절차 없이는 평화적인 문화를 만들 수 없고 인권을 적극적으로 보호하는 민주주의 정부를 지지할 수 없다. 그러나 이러한 절차만으로는 여전히 충분하지 않다. 다음 장에서는 문화가 갈등에 반응하는 방식을 만들어내는 구조, 기관, 정책, 조직과 같은 좀 더 큰 그림으로 넘어가려 한다.

10. 역량 키우기 Building Capacity

폭력적인 분쟁을 멈추는 것을 넘어, 평화 세우기는 정의평화라는 문화를 담아내는 사회적 역량을 창조하도록 한다. 역량이 준비된 사회는 민주적인 절차를 통해서 갈등을 표출할 만한 충분한 능력이 있으며, 모든 사람들의 필요와 권리를 제대로 표현하도록 평화와 정의를 문화에 반영한다. 정의평화를 위한 역량을 만들어내기 위해서는 문화를 정지되어 있는 어떤 것으로 보기 보다 사람들이 자신들의 문화를 어떻게 만들어 내며, 구조, 기관, 정책, 조직과 같이 사회를 뒷받침하는 모든 것을 형성하는데 어떻게 책임을 져야 하는지 알아야 한다.

  역량 키우기 프로그램은 장기계획이라는 도전을 받아들이도록 공동체와 사회를 창조한다. 장기계획이라는 개념은 상식처럼 보이지만 실제로 공공 정책을 세우다보면 미래에 대한 진지한 계획보다는 긴급한 위기에 이끌려 대처하는 경우가 많다. 대개 계획을 세우고 실행하는 것은 분쟁을 끝내는 것만큼 오랜 시간이 걸린다. 이는 몇 달 혹은 몇 년이 아닌 수십 년이 걸리는 문제이다.

  평화 세우기의 역량을 키우는데 있어 한 가지 중요한 원리는 지속가능성이다. 지속가능성이란 사람과 환경 사이의 건설적인 관계 양상을 만들어 내는 것, 여러 세대에 걸쳐 인간 필요를 충족시키는 능력, 인재를 개발하는 장기적 생각과 계획을 의미한다. 역량 키우기는 인간안보와 연구, 평가에 초점을 맞추기 위한 훈련과 교육 프로그램, 개발, 전환, 군사 구조 전환을 포함한다.

역량 키우기로의 접근법

교육

이상적으로 모든 종류의 교육은 개인이 다른 사람과 평화롭게 살아가는 데 필요한 가치와 기술을 제공한다. 교육에는 가족, 대중 매체, 문화 안에서의 비공식적인 사회화가 있고, 공교육으로써 학교에서의 교육과 종교 교육이 있다. 서로 다른 형식의 교육은 사람들 사이의 사랑과 존중을 키우는데 잠재적인 역할을 하며 평화를 만드는 데 중요한 영향력을 행사한다. 교육은 사람들이 자신들의 환경을 만들고 주변 세계에 긍정적인 영향을 미치도록 힘을 북돋는다.

특정 형태의 교육은 평화적 역량을 가진 공동체와 사회를 만드는데 필수적이다. 평화 교육은 갈등의 원인과 평화를 위한 조건을 탐구한다. **갈등전환 훈련**은 분석, 소통, 관계 기술을 배울 수 있는 기회를 제공한다. **인권 교육**은 사람들이 스스로의 인권을 알고 분명히 표현하도록 도우며 그들의 권리를 지키기 위해 국제법과 사법체계를 어떻게 이용해야 하는

지 알려준다. **환경교육**은 인간의 활동이 환경에 미치는 영향과 인간이 환경에 대한 부정적인 영향을 최소화하며 살 수 있는 지속적인 방식에 대한 인식을 높인다.

대중매체는 정보를 제공하고 사람들의 세계관을 만든다는 점에서 교육의 한 형식이다. 평화 매체 프로그램은 폭력적인 분쟁에 대한 객관적인 정보를 제공하고 정치적인 선동을 알아차리게 도우며, 평화적인 대안에 대한 인식을 높인다. 르완다와 브룬디에서 여타 대중매체가 폭력과 증오로 대응하도록 선동할 때 라디오 평화 프로그램은 좋은 대안이 되었다.

개발

개발은 인간 번영과 행복, 삶의 질을 향상시키는 것을 목적으로 하는 지속적인 과정이다. 개발은 인간의 기본 필요를 충족시키고 인권을 보호하기 위한 공동체의 역량 강화를 목적으로 한다. 개발과 평화는 상호의존적이다. 전쟁은 개발을 방해하거나 후퇴시킨다. 그러나 개발은 평화를 지속시키고 키우는 데 도움이 될 수 있다.

개발 분야는 개발이 평화 세우기에서 어떤 역할을 해야 하는지 규정하는데 애를 먹고 있다. 어떤 사람은 무기거래, 민족 대립, 민주주의 결핍과 같은 정치적인 이슈를 다루는 평화 세우기 절차를 피하면서 인간의 필요를 충족시키는 목표에만 초점을 맞추길 원한다. 다른 이들은 다른 평화 세우기 주체들과의 공동조직, 분리된 사회에서 협업 촉진, 갈등의 구조적 원인 다루기 등을 개발이 평화 세우기에 일조하는 기회로 본다.

개발은 인간의 필요를 채우고 권리를 보호할 공동체의 역량을 어떻게 증진시키는지에 대한 생각 교환과 혁신을 촉진한다. 개발 분야 활동가들은 공평한 경제체제를 만들고 에이즈 전염, 가정 폭력과 고통을 유발하는 다른 문제들을 줄이는 등 공동체가 자신들의 문제에 대한 해결책을 찾도록 돕는다. 개발 단체는 지역의 혁신을 다른 공동체와 교환하고 공유하는 것 또한 촉진한다. 그러한 아이디어를 나누고 지역 자원을 활용하면서 개발은 공동체가 자신들의 문제를 다루도록 힘을 불어 넣는다.

개발에는 여러 형태가 있다. **경제 개발**은 사람들의 기초적인 물질적 필요를 충족시키는 것을 돕는 사업체와 경제 기관을 만들어낸다. 경제 개발에는 여러 방식이 있다. 그 중 한 형태인 세계화는 빈곤을 퇴치하기보다 더 악화키는 한편 다국적기업을 배불리기 때문에 정의롭지 못하다고 비판받는다. 세계화는 종종 가난한 사람들이 시골을 떠나 도시의 빈민촌에서 생활하고 하루에 천원밖에 받지 못하는 상황에서 일하도록 유혹한다. 다른 형태의 경제 개발인 소액 대출 제공, 지속가능한 형태의 농업 증진, 환경 자원을 적당히 수확하는 것이 더 확실히 빈곤을 줄이는 것처럼 보인다.

정치 개발은 공동체와 국가 지도자들이 공정한 의사결정 과정을 이끄는 기술이 있는지 그리고 기관들이 그러한 절차를 진행할 준비가 되어 있는지 확인하는 것을 목적으로 한다. 정부는 법의 통치와 폭넓은 시민의 참여를 통해 정당성을 얻는다. 민주적인 제도와 절차는 사람들이 군사적 수단보다는 언어 소통에 의해 변화를 가져오는 활동에 참여할 자유를 보호한다. 기초 안보는 소수자 그룹과 반대 그룹이 그들의 의견을 안전히 표출하도록 허락하기 때문에 정치 분야에 필수적이다. 정치 개발은 중요한 이슈를 다루기 위해 공동체 수준의 대화뿐만 아니라, 국가 회의, 토론회 등을 사용한다.

사회 개발이나 **공동체 개발**은 이슈를 다루기 위해 공동체, 시민 단체 및 종교 단체, 다른 시민사회 주체들과 함께 일하면서 역량을 개선하는 것이 목표이다. 프로그램은 리더십 훈련, 대화, 조직 개발, 시민사회 단체와 기관 설립이 포함된다.

재건이란 전후 사회를 위한 경제적, 정치적, 사회적 개발의 한 형태이다. 전후 상황 혹은 재건 단계에서 정부는 경제 회복을 위해 손상된 사회 기반시설을 정비하거나 교체하는 것을 목적으로 한다.

개발 프로그램은 갈등 집단 사이에 관계와 신뢰를 쌓을 가장 중요한 기회를 제공할 수 있다. 갈등 상황에 있는 그룹들은 사실 화해를 목적으로 하는 대화에 참여하기 보다 청소년들을 위해 학교를 세우고 소규모 기업을 위한 기술을 배우는 데 더 관심을 둘 수 있다. 때로는 갈등 자체에 초점을 맞추기보다 생활의 질을 개선하는 것과 같은 공동의 목표에 초점을 맞출 때 갈등이 전환된다.

개발 분야는 평화 세우기의 다른 형태들처럼 부정적인 영향을 미칠 수도 있다. 개발 원조가 한 집단에만 이익을 주고 다른 집단에는 이익을 주지 않는다면 폭력은 증가될 수 있다. 큰 규모의 개발 원조는 수혜 국가의 부패한 공직자들에 의해 횡령당할 수 있고, 심지어는 분쟁에 불을 붙이는 무기를 사는데 사용될 수도 있다. 어떤 정부는 자국의 이익을 창출하려고 개발 사업에 원조를 주지만, 실제로 그 사업은 외국 제품들이 수혜국 시장을 뒤덮어 지역 농민들을 파산에 이르게 하는 폐해를 낳기도 한다.

군사 구조 전환

어떤 피스빌더들은 정의평화의 문화를 만들기 위한 노력으로 군사기관의 성향을 바꾸는 데 초점을 맞춘다. 군사 전환 프로그램은 군대 보다 민간인의 권위를 높이고, 군사훈련과 군인들의 임무를 인간안보에 두게 하며, 인간안보를 위해 군자원과 비용을 사용하게 하며, 국제적인 군비축소를 지지하는 것을 목적으로 한다. 군대의 변화는 민간인에게 피해를 주지 않고 가해자를 체포하거나 움직이지 못하게 하는 치명적이지 않은 무기를 개발하거나 사용하도록 후원한다.

미국에서 군대를 변화시켜려는 노력은 기존의 군사체제를 바꾸는데 초점을 맞춤으로써 국가 안보 이해와 더불어 세계의 인간 필요와 인권이라는 더 큰 인간안보 안건을 포용하려는 것이다. 미국 기반의 대안방어센터와 같은 집단들은 2001년 9월 11일 이후로 현존하는 안보 위협을 조사하고, 한 나라의 국가 안보를 염려하기 보다는 세계의 안보를 더 잘 다룰 수 있는 방향으로 미 군사 정책과 사회기반시설을 바꾸기 위해 구체적인 내용을 제안한다. 또한 대안방어센터는 미국이 주도한 이라크 전쟁의 전략적인 대안을 제안하였다. 다른 조직인 무기 거래에 반대하는 연맹COAT은 군사 산업과 군부대를 민간인이 사용하도록 전환하고 군대를 위해 일하는 사람들 혹은 무기 산업에 종사하는 사람들에게 대안을 제공하는 것을 목표로 한다.

전후 상황에서 군사 전환 프로그램은 군인들이 공동체에 참여하며 생활하도록 전역과 재정착, 생활 유지를 돕는다. 피스빌더들은 다수의 군대가 지역인구를 억압했던 리베리아와 시에라리온과 같은 나라에서 군대 해산을 위해 일한다.

연구조사와 평가

연구조사는 평화 세우기에 여러 방식으로 일조한다. 갈등의 원인과 역동성에 대해 연구하는 것은 그러한 절차에 연관된 사람들에게 큰 깨달음을 주기 때문에 갈등을 가라앉힐 수 있다. 평가를 위한 연구조사는 평화를 만들기 위한 과거와 현재의 노력을 통해 배우려는 것을 그 목적으로 한다. 무엇이 효과가 있었나? 어떻게 진행되었나? 무엇이 효과가 없었나?라는 물음이 연구조사와 평가의 기본 질문이 된다.

연구조사는 평화 세우기를 위한 새로운 도구와 방법, 사업을 개발하는 것에도 사용될 수 있다. 개발기관은 멀리 떨어진 공동체까지 깨끗한 물을 제공하고, HIV/AIDS 확산을 막으며, 평화를 위한 공동체 중심의 협력이 될 수 있도록 식료품 원조를 제공하는 더 나은 방법들에 대해 연구한다. 씽크탱크think-tank 혹은 연구조사기관은 다른 문화에서 사용하는 민주적 거버넌스governance를 위한 제안을 하고 경제가 어떻게 하면 자본주의자들의 혁신과 노고에 대한 이익을 제공하면서 동시에 인간의 필요를 충족시키는 데 초점을 맞출 수 있는지 연구하며 경제 모델을 만들어 낸다. 다른 연구 기관들은 재생가능한 에너지 자원을 사용할 수 있는 교통수단, 거주지, 산업 개발을 위한 계획을 세운다.

  이 장에 서술된 역량 키우기 프로그램은 정의평화를 지원하는 문화를 만들기 위한 씨앗을 심는 것이다. 이러한 네 가지 분야의 평화 세우기는 다른 세 가지 평화 세우기 분야를 쓸모 없게 만들 수도 있다. 만약 모든 공동체와 국가가 평화와 공공의 선에 일조하기 위해 시민들을 교육한다면, 또는 경제적, 정치적, 사회적 개발에 초점을 맞춘다면, 군대를 인간안보에 초점을 맞추어 변화시킨다면, 생활의 질을 개선하기 위해 지속적으로 연구에 참여한다면, 구조적/직접적 폭력과 이러한 문제에 대한 단기적 해결책에 대한 요구는 줄어들 것이다. 네 장에 걸쳐 다룬 복합적인 네 가지 평화 세우기 분야는 다음 장의 주제인 전략적 디자인 도구를 필요로 한다.

11. 평화 세우기를 위한 전략적 디자인

2001년 9월 11일의 비극이 있은지 몇 일 뒤, 나는 가족과 피지평화회의 진행을 돕기 위해 여행을 떠났다. 미국에서 일어난 엄청난 사건에 압도된 채로, 나는 참가자들에게 희망적인 내용의 환영 인사말을 만들어 내는 데 애를 먹었다. 결국 나는 라틴 아메리카 피스빌더가 대추나무를 심는 이야기를 인용하여 읽었다. 인용구를 대략 요약하자면, 다음 세대에 열매를 맺도록 하기 위해 지금 씨앗을 심어야 한다는 것이다.

평화의 씨를 심는 것은 전략을 필요로한다. 평화 세우기의 주요 과제는 다음과 같다. 꿈을 가능하게 하기 위해 우리가 무엇을 해야 하는지 결정하기, 누가 꿈의 씨앗을 뿌리고 키울 수 있는지 상상하기, 그리고 언제, 어디서, 어떻게 씨앗을 심어야 하는지 제안해야 한다. 동료이자 멘토인 존 폴 레더락은 평화 세우기에서 누가, 언제, 어디서, 무엇을, 어떻게 해야하는지 전략적 틀을 사용한다.[17] 레더락의 전략적 틀이 이 장의 내용이다. 뒤에 나오는 작은 제목들은 피스빌더들이 전략적인 결정을 내리는데 사용할 수 있는 다양한 도구들이다. 각각의 도구들은 장단점이 있기 때문에 여러 도구들을 결합해서 사용하는 것이 가장 좋다.

전략적인 "무엇"

피스빌더들이 무엇을 해야 하는 지 어떻게 결정할까? 다양한 분석 도구는 사용 가능한 자원, 필요, 주요 이슈를 근거로 사람들의 에너지와 이목을 끌 만한 역량이 있는 일련의 평화 세우기 프로그램을 전략적으로 계획하는 데 유용하게 사용된다. 여기에 각 도구들을 간략히 소개한다.

평화 세우기를 위한 지역의 역량

평화를 위해 지역의 역량과 자원에 초점을 두는 것은 매우 중요한 첫 단계이다. 지역 주민들만이 그들의 미래를 위한 구체적인 계획을 세울 수 있다. 평화를 지지하기 위해 사람들을 연결시키고 관계의 구조를 지속하게 하는 지역 프로그램과 주민, 구조, 상징, 태도, 전통을 밝혀내는 것은 중요한 일이다.[18] 평화 세우기를 위해 지역의 역량에 초점을 맞추는 것은 이미 진행되고 있는 일에 보탬이 되거나 그러한 과정을 발전시키고 외부에서 시작된 평화 세우기 활동들의 가능한 피해나 실패를 최소화하기 위함이다. 이는 지역 문화를 평화 세우기를 위한 자원으로 이해한다. 또한 과거로부터 배우려고 노력하며, 모든 평화 세우기 주체들을 지역 문화에 반응하도록 만드는 과제를 진지하게 받아들인다.

무엇이 평화를 세울 수 있는지 알아보는 두 번째 접근방법은 **"대화를 이끌어내는 열린 질문"**과 **"자산 근거 평가"**로 알려져 있다. 이 방법은 사람들이 자신들의 상황을 새로운 방식으로 생각할 수 있게 하는 열린 질문들을 통해 무엇이 이미 일어나고 있는지 알아보고 평가한다. 문제에 초점을 맞추기 보다, 평화 세우기를 위한 긍정적인 접근은 평화 세우기 개입을 통해 발전할 수 있고 보완될 수 있는 장점과 성공방안을 찾아내는 것을 목표로 한다.[19] 비슷하게, 경청 사업Listening Project 방법론은 사람들이 자신의 공동체의 이슈에 대한 시각과 해결책을 표현할 수 있도록 위협적이지 않은 인터뷰와 대화 과정을 사용한다.

필요 평가

필요 평가는 공동체가 필요를 충족시킬 수 있는 다양한 선택지를 두고 자신들의 필요에 대해 논의하도록 돕는다. 필요 평가는 공동체가 어느 부분에서 역량을 키워야 하는지 그리고 어떻게 필요를 충족시킬 수 있는지 알아가도록 돕는다. 31쪽에 있는 폭력 지도는 공동체가 경험한 다양한 형식의 폭력을 말할 수 있도록 돕는다. 34쪽에 있는 평화 세우기 지도는 공동체에 이미 실행된 개입활동과 평화 세우기 프로그램을 평가하고 평화 세우기 계획의 부분으로서 어떤 점이 개발될 수 있는지 평가하는 필요 평가 도구로 사용될 수 있다.

연결기제와 분리기제

각 공동체에는 사람들을 연결시키고 분리시키는 구조와 조직, 태도, 가치, 경험, 상징, 행사들이 있다. 공통적인 음악과 언어와 같은 연결기제는 갈등상황에 있는 사람 사이의 다리 역할을 한다. 전쟁을 선동하거나 민족에 대한 편견과 같은 분리기제는 분쟁에 일조한다. 평화 세우기 전략은

연결기제를 지지, 증강시키고 분리기제는 방해하거나 멈추도록 한다.[20]

틀 만들기

평화 세우기는 사람들을 역동적으로 행동하도록 하기 위해 어떻게 이슈의 틀을 만들어야 하는지 전략적인 선택을 해야 한다. 틀이란 다른 종류의 렌즈 같은 것이다. 사람들이 크고 복잡한 이슈를 이해하도록 언어와 비유, 이론을 제공한다. 간디는 인도사람들이 소금과 전통의복을 자급자족 할 권리와 같은 작은 이슈들로 탈식민화라는 목적을 다루는 틀을 만드는 데 전문적인 능력을 발휘했다. 많은 사람들에게 평화와 화해에 대해 이야기 하는 것은 다른 편과 타협하거나 변절하는 것을 의미한다. 때로는 장기적인 안보 혹은 테러 예방을 위한 전략이라는 측면에서 평화 세우기를 이야기 하는 것이 더 쉬운 일일 수 있다. 한 이슈에 대해 이야기할 수 있는 가장 좋은 틀이나 출구를 찾는 것은 사람들의 반응에 엄청난 영향을 미친다. 때로는 틀을 만드는 것이 정치적인 스펙트럼의 모든 부분에 호소하는 방식에 있어 최선이 될수 있다.

이슈에 대한 틀을 만드는 개념은 우리의 이목을 끄는 특정 위기 혹은 갈등의 측면과 연결시킨 존 폴 레더락의 "상황 표현하기"라는 개념과 관련이 있다.[21] 상황을 표현하는 것은 공동체의 특정 지역처럼 문제를 사람들이 인식하도록 만든다. 대중매체가 여성과 성차별주의자들의 태도를 묘사하는 방식처럼, 보다 깊은 뿌리와 역사성을 갖고 있는 문제에 대해 이야기하는 것은 하나의 출발점이 될수 있다.

설득과 강요

　평화 세우기 절차는 변화를 이끌기 위해 강요와 설득의 방법을 모두 사용한다. 평화 세우기 전략에 있어서 설득의 방법을 사용할지 아니면 강요의 방법을 사용할지, 아니면 둘 다 사용할 지 결정하려면 상황에 대한 심도 깊은 분석이 필요하다.

　설득은 변화가 자신들에게 이익이 된다고 확신을 심어주면서 사람들을 변화로 초청한다. 이것은 자기 성찰, 관계 만들기, 경험과 아이디어 교환하기를 통해 일어난다. 만약 사람들이 협상 혹은 대화를 통한 배움의 결과로 마음과 행동을 변화시키겠다는 자발적인 결정을 내릴 때, 변화에 대해 긍정적으로 느낄 가능성이 많으며 행동의 변화도 더 오래 지속되는 경향이 있다.

　그러나 설득만으로는 항상 효과를 보기 힘들다. 마틴 루터 킹 주니어는 "자유를 압제자들이 자발적으로 내어주는 법은 결코 없다. 자유는 항상 억압받는 자들이 요구할 때만 주어지는 것이다." 강요는 사회적, 심리적, 정치적, 경제적 혹은 물리적 고립, 압력, 힘을 통해 "상처"를 입힘으로 사람들을 변화시키는 것이다. 폭력 자체가 강요적이지만, 비폭력적으로 변화를 강요하는 방법도 있다. 강요적인 평화 세우기 전략으로는 경제적 제재 혹은 불매운동을 통해 수치심을 주는 인권 행동가들과 집단 간 싸움을 멈추기를 강요하는 민간인 평화유지단의 활동이 포함된다.

　그러나 역시 강요 자체로는 문제를 해결하거나 지속가능한 평화를 가져오지 못하며, 어떤 강요법은 역효과를 낳기도 한다. 강요와 설득의 방법을 적용하는 것은 날카로운 판단과 정확한 시기를 필요로 한다. 이 주제는 "전략적인 언제" 부분에서 다시 다룰 것이다.

전환의 단계

레더락은 평화 세우기가 개인, 관계, 문화, 구조적 단계에 따라 전환을 촉진시킬 필요가 있다고 주장한다.22)

* **개인적 변화**는 한 상황에서 개인의 새로운 태도, 행동, 지식이 변하는 것을 말한다.
* **관계적 변화**는 한 상황에서 집단 사이의 새로운 혹은 개선된 관계가 변하는 것을 말한다.
* **문화적 변화**는 평화를 지지하는 가치가 강화되는 것을 말한다.
* **구조적 변화**는 새로운 기관, 정책, 과/ 혹은 지도자가 생기는 것을 말한다.

각각의 평화 세우기 프로그램 혹은 활동이 이 모든 단계를 다루지 않을 수도 있다. 그러나 잘 조직된 평화 세우기 전략은 다양한 프로그램을 통해 모든 단계를 다룰 것이다. 예를 들어, 르완다의 어떤 집단은 사람들이 스스로의 태도를 성찰하는 것을 돕는 것을 목표로 하는 개인 트라우마 치료와 관용 프로그램에 초점을 맞추어 일한다. 다른 단체는 공동체 수준에서 집단간의 관계를 만드는 대화 프로그램을 시행한다. 공통의 자리 찾

갈등전환의 단계

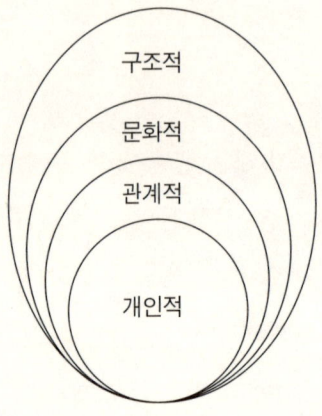

기Search for Common Ground와 같은 국제 평화 세우기 단체들은 평화적인 가치와 기술을 강조하는 라디오 드라마를 만들어 문화적 변화를 일으키는 데 초점을 맞추고 있다. 끝으로, 유엔과 아프리카 연합Organization of African Unity은 인종과 갈등을 너머 함께 일할 수 있는 새로운 지도자를 만드는 구조적 변화를 위해 일하고 있다. 한 연구에 따르면 개인적 변화를 목적으로 하는 프로그램이 구조적 변화의 목표와 밀접히 연결되어 있을 때만 지속가능한 평화 세우기에 일조한다고 한다.[23]

전략적인 "누구"

평화 세우기는 모든 사람의 책임이다. 누구를 평화 세우기 절차에 끌어들일 것인지 결정하는 것은 더 전략적인 의사결정 과정을 요구한다.

다방면 외교 Multi Track diplomacy

정부는 시민들에게 안전과 안보를 제공할 책임이 있다. 그러나 정부에게만 평화를 세우는 책임이나 역량이 있는 것은 아니다. 냉전기간 동안, 많은 비정부 주체들이 소련과 서방 국가들 사이에 관계를 세우려고 노력한 것이 시민 개개인과 더 넓게는 시민 사회 주체들의 평화 세우기 역할에 신뢰를 주었다. 이러한 비정부적인 노력은 트랙 2로 알려져 있으며 트랙1 혹은 국가 외교를 보완하는 것으로 알려지게 되었다.

다방면 외교라는 개념은 대중매체, 갈등 해결 전문가, 기업, 종교 단체와 종교 지도자, 활동가, 시민 개개인, 연구자, 교육가, 여성, 청년, 전통적인 지도 구조 등을 포함하는 트랙2 주체의 다양성을 인정한다.[24]

원로, 족장, 왕과 같은 전통적 지도자는 세계 여러 나라에 존재하며 공동체 내의 전통 의식, 예식, 평화적인 선례를 풍부히 가지고 있다. 예를 들어 여러 남태평양 섬에서, 원로, 족장, 지역 왕을 다양한 인종집단 사이의 평화 세우기 절차에서 제외시키는 것은 불가능하다. 지역 사람들은 정부 못지않게 이러한 지역 권위자들을 존중한다. 서구 사회에서는 지역 종교 혹은 공동체 지도자들이 이와 비슷한 역할을 할 것이다. 평화 세우기에서 다양한 주체를 인식하는 것은 다양한 방면간의 조정과 협력을 필요로 한다.

핵심 인물과 임계 질량

평화 세우기에서 전략적 "누구"는 어떤 주체가 중요한 변화를 부추길 수 있는지 결정하도록 요구한다. 레더락은 어떻게 핵심 인물이 많은 사람들을 동원할 수 있는지 설명하기 위해 두 가지 비유를 사용한다.[25]

　핵심 인물은 빵을 만들 때 사용하는 이스트와 같다. 밀가루의 양과 비교해서 이스트의 양은 적지만 빵 전체를 부풀게 만든다. 큰 변화를 일으키는 역량을 가지고 있기 때문이다.

　핵심 인물은 사이폰Siphon, 액체를 일단 높은 곳으로 올렸다가 낮은 곳으로 옮기기 위한 곡관曲管과 같다. 사이폰은 적은 양의 물을 관을 통해 흡입하여 옮긴다. 일단 적은 양의 물이 끌어 올려지면, 나머지 물은 따라 올라와 한 용기에서 다른 용기로 이동한다.

　전략적으로 "누구"를 결정하는 것은 어떤 사람이나 집단이 관을 따라 올라올 마중물이 될지 아니면 빵을 만들 때 이스트 역할을 할지에 대한 분석을 필요로 한다.

　평화 세우기에 있어서 핵심인물이 중요하다고 하는 데는 두 가지 이유가 있다. 첫째, 폭력을 줄이거나 기본 필요를 다룰 수 있는 중요한 결정을 할 권위와 기회를 가지고 있기 때문이다. 둘째로, 그들이 가진 영향력은 많은 사람들이 아이디어와 해결책을 가지고 있어 변화가 불가피한 곳에 임계질량을 만드는 데 사용할 수 있기 때문이다. 대중매체와 교육, 그리고 다른 절차들 또한 평화 세우기를 위해 일하려는 사람들의 임계질량 critical mass을 만드는 데 도움이 될 수 있다.

수직적-수평적 역량

평화 세우기 주체는 사회의 여러 단계에서 작용한다. 레더락은 이를 설명하기 위해 피라미드를 사용한다.26) 피라미드의 각 단계에는 사회 변화 시도를 고무하고 이끌 역량을 가진 사람들이 있다. 가장 높은 수준에는 유엔, 국가 정부, 세계교회협의회WCC처럼 정치적 위기나 분쟁을 다루기 위해 공식적인 대화, 협상, 중재에 참여하는 종교 지도자가 있다. 중간 단계에는 인도주의적 위기에 구호활동을 지역별로 조직하는 것처럼 정책과 프로그램 계획을 이끄는 국가와 지역 단체나 기업이 있다. 풀뿌리 혹은 공동체 수준에는 구호와 개발 프로그램, 민간인 평화유지단, 대화, 트라우마 치료, 교육과 훈련 프로그램과 다른 사업을 실시하는 여러 지역 집단이 있다.

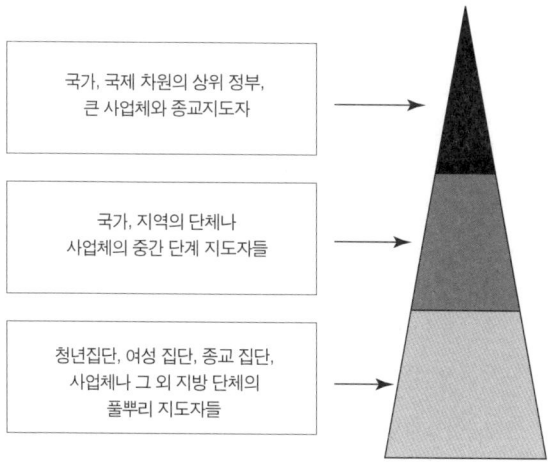

예를 들어, 2004년 수단이 직면한 인도주의적 위기에는 다양한 수준의 여러 주체들이 개입했다. 가장 높은 수준의 평화 세우기 노력에는 수단 정부가 광범위한 기근을 다루고 인정해야 한다는 유엔 사무총장 코피 아난의 개인적인 호소도 포함되었다. 중간 단계에서는 옥스팜Oxfam과 적십자the Red Cross와 같은 그룹들이 국제적, 지역적 자원을 동원했고, 구호의 손길을 조직했다. 지역수준에서 풀뿌리 비영리단체와 교회들이 구호물품을 전달하고 무료배식 천막을 세우기 위해 함께 일했다.

레더락은 이러한 세 단계를 위한 네 가지 핵심 원리를 제안했다.[27]

1. 평화 세우기를 위한 **수평적 역량**이란 갈등, 종족, 종교, 혹은 다른 사회적 분열의 선을 넘어서는 평화 세우기 프로그램들을 지도자들이 함께 협력하며 수행해 나가도록 하는 피라미드 각 단계 내의 관계들을 말한다. 현재 대부분의 평화 세우기 프로그램은 수평적 역량을 육성하고 있다. 예를 들어, 인도, 파키스탄, 카슈미르의 시민들이 폭력의 경험을 나누기 위해 대화모임을 가졌을 때, 변화를 위해 함께 일하기 위한 비전과 역량이 개발되었다. 이러한 풀뿌리 대화를 통해 지역 공동체는 폭력을 막고 위기에 대응하는 방법을 배울 수 있다. 한 예로, 케냐의 가장 큰 빈민층인 나이로비의 무슬림과 기독교 집단은 공동체에서 잠재적인 폭력 갈등의 가능성에 대한 정보를 나누고 즉시 긴장을 가라앉히기 위해 어떻게 개입해야 할지 계획을 세우는 만남을 주기적으로 갖는다.

2. 평화 세우기를 위한 **수직적 역량**이란 상호의존적인 노력을 인식하는 상부, 중간, 풀뿌리 지도자들 간의 관계들을 말한다. 점차로 모든 단계의 사람들이 서로 다른 영역에서 일하는 사람들과 관계를 맺을 필요를 인식하고 있다. 예를 들어, 유엔은 국제 공동체가 폭력을 막도록 경고하는 조기 경보 네트워크를 지역 단체와 풀뿌리 협력자들과 조직하는 것에 점점 더 많은 관심을 보이고 있다.

3. 기업 혹은 종교 지도자와 같은 **중간단계** 사람들은 꼭대기와 풀뿌리 단계의 사람들과 접촉하거나 관계를 맺을 가능성이 높다. 따라서 중간단계 사람들과 일하는 것은 수직적 협력을 촉진하기 위한 전략적인 기획이 필요하다. 평화 세우기를 위한 서아프리카 네트워크The West African Network for Peacebuilding는 일례로서 변화를 위해 일하는 풀뿌리 집단과 개인, 그리고 최고 정부와 유엔 외교관들 모두에 접근성을 가진 중간 단계 조직이다.

4. **수직적, 수평적 결합**이란 평화를 위해 모든 단계의 사람들이 함께 일하도록 하는 개인, 네트워크, 단체 사이의 관계이다. 전략적인 평화 세우기는 피라미드의 모든 단계에서 이러한 종류의 결합을 촉진하여 분리된 사회에서 정의평화를 추구하기 위해 노력한다. 예를 들어 미국에서 평화 세우기 리더십의 수직적 수평적 결합은 인종간의 화해라는 역사적인 갈등에 구조적으로 접근하기 위해 또 다른 풀뿌리 집단과 꼭대기/중간 단계의 정부, 종교단체, 기업을 잇는 풀뿌리 조직을 필요로 한다.

온건주의자와 극단주의자

평화 세우기는 온건주의자와 극단주의자 모두를 포함할 필요가 있다. 폭력을 선동하는 지도자와 이미 평화를 지지하고 있는 지도자 모두가 평화 세우기 절차에 포함되어야 한다. 너무나 많은 프로그램들은 평화를 지지하는 성향이 있는 사람들만 포함한다. 폭력성향의 지도자들은 그들이 평화절차를 강탈하고, 곁다리를 치며, 심지어는 거부할 가능성이 있는 "방해꾼"으로 보이기 때문에 종종 소외되고 만다. 그러나 그들이 포함되지 않는다면, 평화 세우기 프로그램이 성공할 기회는 매우 적어진다.

내부자와 외부자

세계에서 가장 폭력적인 분쟁에서 내부자와 외부자는 평화를 위해 함께 일하고 있다. 그들은 평화 세우기에 다른 방식으로 참여한다. 내부자는 분쟁이 있는 공동체 안에 살고 있으며 그곳을 고향이라고 부르는 사람들이다. 대체적으로 내부자는 장기적인 헌신과 노력을 보이며, 평화 세우기가 성공하거나 실패했을 때 더 많은 영향을 받는다. 그들은 지역 문화와 상황, 갈등, 평화를 위한 지역 자원에 대한 깊은 이해를 갖고 있다. 또한 지역 사람들에게 신뢰와 믿음을 얻었거나 넓은 인맥을 가지고 있을 가능성이 많다.

외부자는 평화 세우기에 참여하기 위해 특별히 분쟁지역을 방문하는 사람과 단체를 말한다. 외부자는 경제적 정치적 자원을 많이 가지고 있을 가능성이 있다. 이러한 자원들은 평화 세우기를 위해 지역 사람들이 어떻게 일하고 있는지 알리고, 분쟁 자체에 대한 국제적인 인식을 높이는 데 사용될 수 있다. 외부자들은 국가와 국제 권력이 분쟁을 다루고 경제적인 자원을 얻기 위한 후원자를 찾도록 압력을 넣는 데 도움이 될 수 있다. 더불어 외부자들은 보복적 폭력을 막기 위해 내부자들과 물리적으로 동행하며 안전과 정치적 자유를 높일 수 있다. 또한 갈등전환, 회복적 정의, 트라우마 치료 프로그램 지원을 위한 공간을 만들 수 있다.[28]

전략적인 "언제"

갈등은 역동적이다. 수시로 변하고 물결치며 순환한다. 평화 세우기는 폭력적인 분쟁을 예방하고 다루는 것을 목적으로 한다. 평화 세우기는 폭력이 발생하기 전, 도중, 이후에 필요하다. 아래에 있는 도표는 세 기간에 따라 전략적인 평화 세우기를 위해 어떠한 행동들이 요구되는지 보여준다.

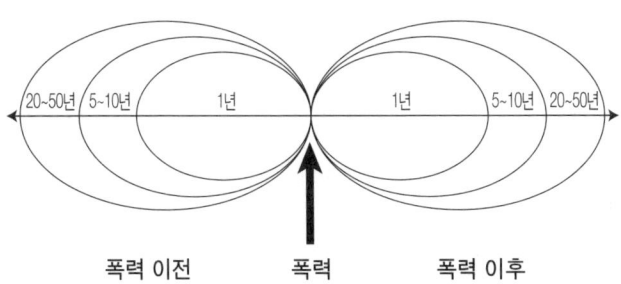

폭력 이전

폭력이 발생하기 전에 구조적인 형태의 폭력은 종종 존재한다. 하나 혹은 그 이상의 집단들이 자원의 불공정한 분배와 인권침해를 미리 알아차렸을지도 모른다. 예방차원의 평화 세우기 프로그램은 집단 폭력이 발발하기 전에 개입한다. 조기 경보와 반응 사업은 갈등을 초기 단계에 감시하고 폭력이 시작되기 전에 국제 공동체, 정부, 비정부기구에 경보를 보낸다. 변호와 다른 형태의 전략적인 행동을 통해, 비폭력 활동가들은 중요한 이슈와 구조적 변화에 대한 필요에 국가와 국제적 관심을 끌어 분쟁을 일으킬 수도 있다. 국제, 국가, 공동체 지도자들은 사람들이 갈등을 해결하기 위한 가장 좋은 방법이 폭력이 아니라 협상이라는 것을 확신하도록 하며 민주적으로 이슈를 표현하고 다루도록 함께 일한다.

폭력

직접 폭력이 일어나는 중에는 피해자와 가해자를 다루기 위한 부가적인 평화 세우기 프로그램이 필요하다. 국제와 지역 구호 단체는 난민들과 폭력의 피해자들을 위한 피난처를 만들 필요가 있다. 가해 집단은 평화유지단 혹은 경찰들에 의해 반드시 더 많은 폭력을 저지르지 못하도록 제재되어야 한다. 모든 수준의 지도자들은 사람들이 갈등 중에 혹은 갈등을 벗어나 관계를 만들 수 있도록 기회를 만

갈등상황에서 힘의 균형이 대략 맞춰지고, 핵심 이슈에 대한 인식이 널리 퍼져 있다면, 이 때가 협상에 "가장 적절한 때"이다.

들어야 한다. 그리고 갈등상황의 모든 집단들이 잠재된 필요를 다룰 수 있도록 속히 기회를 만들어야 한다. 눈 앞의 문제는 반드시 상호가 만족하는 방향으로 해결해야 한다. 만약 폭력이 몇 달 혹은 몇 년간 지속된다면, 인권, 갈등전환, 회복적 정의와 다른 분야에 대한 훈련을 위해 장기적인 역량 키우기 프로그램이 필요하다.

폭력 이후

전쟁 후에 사회는 무장 해제와 군인들의 재활, 트라우마 다루기, 사회 기반시설 재건이 필요하다. 역량키우기 프로그램들은 사회가 지속적인 평화와 인권 교육을 개발하고, 사회적 경제적 개발을 위한 기회를 만들고, 문화를 기반으로 민주적인 구조를 만드는 데 자금이 투입되도록 연구하는 것을 돕는다.

갈등 성숙도 평가하기

갈등에 개입할 적절한 때가 언제인지 아는 것은 사람들이 이슈에 대해 얼마나 아는지 그리고 다른 사람에 관해 각 집단이 얼마나 많은 힘을 가졌는지에 대한 분석을 필요로 한다. 협상은 항상 가능한 것이 아니다. 때로는 힘을 가진 집단들이 다른 사람들과 협상하는 것을 거부한다.

예를 들어, 미국의 시민권 운동 이전에 아프리카계 미국인 공동체는 백인 주정부와 중앙 정부에 대한 영향력이 전혀 없었다. 시민 운동은 시위, 집회, 순례, 연좌 항의를 이용하여 아프리카계 미국인들이 겪는 불의에 대한 대중 인식을 만들고 흑인 공동체의 힘을 입증하기 위해 노력했다. 여러 해가 흘러, 시민 운동은 백인 지도자가 관심을 기울여야만 하고 아프리카계 미국인들의 불만을 다루기 위해 협상에 임해야 하는 정도로 갈등을 "무르익게" 했다. 많은 협상과 판례의 결과로 인종분리법은 바뀌었고, 시민법이 발효되었으며, 많은 백인 미국인들은 인종차별적 태도와 구조를 이해하고 그에 도전하기 시작했다.

90쪽에 있는 도표는 갈등이 개입하기에 충분히 무르익었는지 결정하는 방법을 그리고 있다.29) 그래프의 좌측 하단은 힘이 불균형하고 인식이 낮

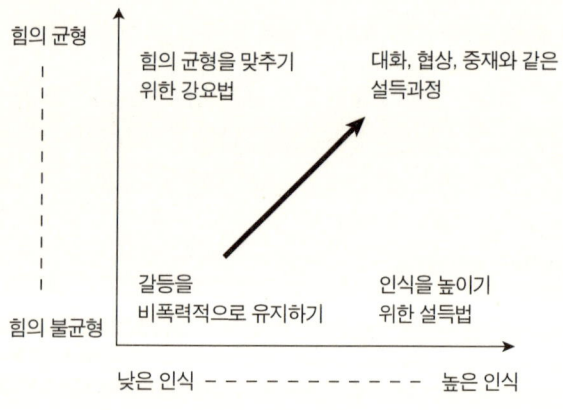

은 상태이다. 활동가들은 비폭력적으로 갈등을 유지하기 위해 강요와 설득의 방법을 섞어서 사용한다. 이러한 계획이 작용한다면 힘은 균형이 잡히기 시작하고, 이슈에 대한 사람들의 인식은 높아지며, 갈등과 폭력의 근원은 대화와 협상, 중재를 통해 관계가 형성됨에 따라 다루어질 것이다.

상징적인 날

어떤 날들은 상징적인 의미를 갖는다. 평화 세우기 프로그램을 새로 시작한 날, 평화 협상을 체결한 날, 평화유지단이 도착한 날 등은 거기에 걸맞는 상징성이 있다. 1960년 3월 21일은 끔찍했던 남아프리카 샬프스빌 Sharpeville 학살일로, 인권그룹들은 상징적으로 이 날을 국제 인종차별 철폐일로 정하였다.

전략적인 "어디"

전략적인 평화 세우기는 관계 세우기를 뒷받침 할 수 있는 사회적으로 중요하며 상징적인 공간과 장소들을 분석할 필요가 있다. 만약 평화 세우기 프로그램이 청소년을 대상으로 한다면, 학교, 축구장, 운동장 등이 중요한 장소가 될 것이다. 여성들은 다른 여성을 만날 수 있는 장소에서 활동하는 것이 필요하다. 많은 개발도상국에서 여성은 장터를 열고 이 장소에서 다른 여성들을 동원하여 중대한 시위를 열어왔다. 노르웨이 중재자들은 이스라엘과 팔레스타인 협상가들을 시골의 오두막으로 데려가 가족처럼 음식을 나누게 하고, 함께 등산을 하게 했다. 공통된 인간성을 발견하도록 협상가들이 상징적인 환경을 창조하는 것은 모든 단계의 외교에 있어 매우 중요한 요소이다.

전략적인 "어떻게"

전략적인 평화 세우기는 어떻게 일어날까? 그 중심 원리는 무엇일까?

평화 세우기 주체와 활동을 조직하기 위해서는 무엇이 필요할까? 다음 원리들은 평화 세우기 전략을 세울 때 우선시되는 단계와 일들을 보여주는 원리들이다.

전략적인 평화 세우기 실천 원리

1. **가치를 반영하라.** 평화 세우기는 개인과 단체의 끊임없는 자기반성, 중심 가치의 명료화, 그리고 평화 세우기 프로그램이 그 가치를 어떻게 성취하는지에 대한 평가를 필요로 한다.
2. **갈등과 폭력을 분석하라.** 평화 세우기는 평화를 위해 필요한 자원, 갈등과 폭력의 원인과 그 역동성에 대한 지속적인 분석을 필요로 한다.
3. **기본 필요와 권리를 다뤄라.** 평화 세우기는 사람들이 다른 사람들의 필요와 권리를 인정하며 자신들의 기본 필요와 권리를 충족시키는 것을 돕는다.
4. **장기적으로 계획하라.** 평화 세우기는 단기적, 위기 중심의 계획을 넘어 수년, 수십 년을 거치는 사회 변화를 계획하는 것에 초점을 맞춘다.
5. **전체 구조를 전환하라.** 평화 세우기는 개인, 관계, 문화, 구조적 수준의 변화를 포함한다.
6. **다른 접근방식과 주체를 조직하라.** 평화 세우기는 서로 다른 주체들이 책임, 주체성, 상호책임, 참여를 반영한 접근방식이 필요하다.
7. **힘을 확인하고 힘을 키워라.** 권력은 모든 관계에 존재한다. 평화 세

우기는 모든 사람들이 그들의 힘을 인식하고 다른 사람을 존중하면서 그들의 인간 필요를 비폭력적으로 충족시키는 데 힘을 사용하도록 요구한다.

8. **다른 사람의 힘을 북돋아라.** 평화 세우기는 지역의 노력을 강화하고 그에 힘을 더하며 다른 사람들이 행동하도록 힘을 북돋는다. 평화 세우기는 참여 민주주의와 자주적 결정을 바탕으로 한다.

9. **문화를 자원으로 보라.** 문화적 가치, 전통, 의식은 평화 세우기의 자원이 될 수 있다.

10. **창의성을 도입하고 사용하라.** 평화 세우기는 복잡한 문제를 창의적으로 해결하도록 하기 위해 단지 말 혹은 대화에만 의지하는 것이 아니라 배우고 소통하는 다양한 방법을 사용한다.

12. 평화 세우기 평가하기와 조직하기

평화 세우기의 성공을 가늠하는 한 가지 방법은 평화를 세우기 위해 일생을 바친 사람들의 수다. 1980년에는 어느 대학교에도 갈등전환과 평화 세우기라는 학위 과정은 없었다. 오늘날, 많은 대학교에서 최소한 평화 세우기의 관계 기술을 주제로 수업을 열고, 십여 군데는 학사, 석사, 박사 학위를 수여한다. 공동체 수준에서 천여 개는 아닐지라도 백여 개의 평화 세우기 워크숍과 훈련이 전세계적으로 열리고 있다. 훈련 받은 많은 수의 사람들이 다른 사람들의 언어와 의식에 영향을 미친다. 실제로 오늘날 모든 유엔 프로그램이 평화 세우기의 개념과 연관되어 있으며, 많은 나라의 정부 지도자들이 훈련을 요청하고 있다.

   그러나 이러한 사상의 확산은 어떤 접근법이 실제로 그 목적을 달성하는 데 성공적이라는 한 가지 지표일 뿐이다. 평화 세우기 프로그램이 항상 평화에 일조하는 것은 아니다. 좋은 의도만으로는 부족하다. 어떤 평화 세우기 프로그램은 시간과 재정적 자원을 낭비하고 편견 혹은 폭력을 증가시키기도 한다. 피스빌더들은 프로그램을 평가하여 그들이 피해를 주고 있는 것이 아니며 자원을 지혜롭게 사용하고 있다는 것을 확인할 책임이 있다.

　많은 피스빌더들에게 남아프리카는 성공적인 모델이다. 수천명의 남아프리카 사람들은 평화 세우기 훈련에 참가하였고 공동체와 국가 수준의 갈등을 다루기 위한 여러 프로그램에 참여했다. 인종차별의 끝은 정치적 평등의 증가를 의미하기에 정의평화를 향한 중대한 움직임이라고 할 수 있다. 그러나 남아프리카 백인과 흑인 사이의 경제적 불평등은 거의 바꾸지 못했다. 지속적으로 백인에게만 불평등한 이득을 챙겨주는 경제적 구조를 다루지 못함으로 인해 절망감과 모욕감은 커졌고, 가난한 공동체에서 폭력 범죄, 가정 폭력, 성폭력이 증가하였다.

　한 가지 주요 과제는 평화를 향한 움직임을 적절히 측정하는 평가 기술을 만드는 것이다. 만약 폭력과 평화가 한 연속선상의 양끝에 있다면, 정치적 소외 증가와 실업률 증가 등의 조기경고지표는 폭력으로의 움직임을 의미한다. 조기경고지표의 반대인 평화지표는 정치적 네트워크 증가와 취업 기회 증가가 포함된다. 이러한 지표는 피스빌더들이 프로그램의 효율성을 평가하는 데 도움이 된다.

　피스빌더의 두 번째 과제는 협력이다. 평화 세우기의 성공은 궁극적으로 개인, 집단, 공동체, 국가가 함께 정의평화를 계획하고 추진하는 능력에 달려있다. 협력과 계획은 전략적으로 누가, 언제, 어디서, 무엇을, 어떻게 할 것인가를 종합적인 평화 세우기 계획으로 이끌어가는 일이다. 협력이 없이는 평화를 세우는 다른 접근법들이 서로 모순되거나 단순히 최대 효과를 이루는 데 실패할 지도 모른다.

협력은 피스빌더들에게 중요한 과제를 안겨준다. 협력은 단순히 한 조직이나 집단이 다른 이들에게 할 일을 위임하거나 안내하는 정도의 일이 아니다. 사상적 차이, 평화 세우기 프로그램을 독점하려는 시도, 자원을 두고 경쟁하는 것은 평화로 가는 길에 만나게 되는 큰 함정들이다. 평화 세우기 주체들은 공동으로 정의 내린 평화 세우기 가치와 관계 기술, 분석 도구, 절차에 상호책임을 지고 서로를 본받고, 실천하는 협력의 조직망을 만들기 위해 함께 일할 필요가 있다.

조정과정 없이는 평화를 세우기 위한 다른 접근법들이 서로 모순되거나 최대한의 영향력을 발휘하지 못하고 말 것이다.

그러한 협력은 갈등과 폭력을 이해하기 위한 주요 가치와 분석 틀에 대해 끊임없는 대화를 필요로 한다. 이를 위해 혁신과 실천, 실패와 성공 이야기를 나누고 협력해 나갈 토론의 장이 필요하다. 또한 모든 수준에서 특히 평화를 세우는 절차에서 서로 경쟁하고 갈등을 일으키는 사람들과 조직들 사이의 적극적인 관계 기술 또한 필요할 것이다. 마지막으로 평화 세우기 실천에 협력이 이루어진다면, 단기적, 즉각적 프로그램을 운영하는 그룹들이 장기적인 평화 세우기 프로그램의 목적과 필요를 고려하게 될 것이다. 재정 후원자들은 여러 기관들 사이에 가능한 토론회 출석을 요구함으로써 협력에 일조할 수 있을 것이며, 재정후원과 명성을 위해 서로 경쟁하기보다 기관들이 함께 일하는 환경을 만들어 가는 모습으로 협력에 일조할 수 있을 것이다.

이 책은 몇 달이라는 짧은 시간이 아닌 수 십년에 걸쳐 형성된 여러 중요한 이슈들을 서로 다른 많은 주체들과 접근법들이 협력하여 평화 세우기의 틀을 엮어 나갈 수 있도록 치밀하게 세운 계획서이다. 이는 혼자서 할 수 있는 일은 아니다. 평화 세우기는 피스빌더들 사이의 관대한 정신을 필요로 한다. 다른 사람의 일을 폄하하는 발언들은 붙잡아두고, 피스빌더들 사이의 발생할 수 있는 갈등을 다루도록 소통 기술과 절차를 갖추어야 한다. 정의평화의 공동 목표를 향해 우리가 함께 일한다면, 본질적으로 다르게 보이는 우리들의 모든 노력들 조차 하나의 통합된 노력이 될 수 있을 것이다.

미주

1) Lisa Schirch, "A Peacebuilding Framework to Link Human Rights and Conflict Resolution" in *Human Rights in Conflict* (Washington, D.C.: U.S. Institute of Peace, Forthcoming 2005).

2) Vern Neufeld Redekop, *From Violence to Blessing* (Ottawa: Novalis, 2002).

3) James Gilligan, *Preventing Violence* (New York: Thames and Hudson, 2001), 39.

4) Robert J. Burrows, *The Strategy of Nonviolent Defense* (New York: Statue University of New York Press, 1996), 239.

5) Gene Sharp, *The Methods of Nonviolent Action* (Boston: Porter Sargent Publishers, 1973).

6) Robert F. Drinan, *The Mobilization of Shame: A World View of Human Rights* (New Haven: Yale University Press, 2001), 32.

7) Gene Sharp, *The Politics of Nonviolent Action* (Boston: Porter Sargent Publishers, 1973).

8) Peter Ackerman and Jack Duvall, *A Force More Powerful: A Century of Nonviolent Conflict* (New York: Palgrave, 2000).

9) Lisa Schirch, *Keeping the Peace: Exploring Civilian Alternatives to Violence Prevention* (Uppsala, Sweden: Life and Peace Institute, 1995).

10) Hizkias Assefa, "Peace and Reconciliation as a Paradigm' in *Peacemaking and Democratization in Africa*, Hizkias Assefa and George Wachira, eds., (Nairobi, Kenya: 1996).

11) Vamik Volkan, *Blood Lines: From Ethnic Pride to Ethnic Terrorism* (Boulder: Westview Press, 1997).

12) Seminars on Trauma Awareness and Recovery (STAR) manual. Eastern Mennonite University, 2002.

13) Harold Saunders, *A Public Peace Process: Sustained Dlalogue to Transform Racial and Ethic Conflicts* (New York: Palgrave, 1999).

14) Roger Fisher and William Ury, *Getting to Yes: Negotiating Agreement Without Giving In* (New York: Penguin Books, 1991).

15) Howard Zehr, *The Little Book of Restorative Justice* (Inter-course, Penn.: Good Books, 2002).

16) See Lisa Schirch, *Ritual and Symbol in Peacebuilding* (Bloomfield, Conn.: Kumarian Press, Forthcoming 2005).

17) This chapter relies heavily on John Paul Lederach, *Building Peace: Sustainable Reconciliation in Divided Societies* (U.S. Institute of Peace, 1997), and unpublished handouts on strategic peacebuilding.

18) Mary B. Anderson and Lara Olson, *Confronting War: Critical Lessons*

for Peace Practitioners (Cambridge, Mass.: Collaborative for Development Actions, Inc., 2003).

19) *Positive Approaches to Peacebuilding: A Resource for Innovators*, ed. Cynthia Sampson et al. (Washington, D.C.: Pact Publications, 2003).

20) Mary B. Anderson, *Do No Harm: How Aid Can Support Peace or War* (Boulder: Lynne Rienner, 1999).

21) John Paul Lederach, *The Little Book of Conflict Transformation* (Intercourse, Penn.: Good Books, 2003), 34.

22) John Paul Lederach adapted from Maire Dugan in "From Issues to Systems" in *Mediation and Facilitation Manual* (Mennonite Conciliation Resources, 2000).

23) Anderson and Olson. 2003.

24) Louise Diamond and John McDonald, *Multi-Track Diplomacy: A System's Approach to Peace* (Bloomfield, Conn.: Kumarian Press, 1996).

25) John Paul Lederach, "Strategic Concepts and Capacities for Justpeace" (Handout for Fundamentals of Peacebuilding class, Eastern Mennonite University, 1999).

26) John Paul Lederach, *Building Peace: Sustainable Reconciliation in Divided Societies* (U.S. Institute of Peace, 1997), 39.

27) John Paul Lederach, "Strategic Concepts and Capacities for Justpeace" (Handout for Fundamentals of Peacebuilding class, Eastern Mennonite

University, 1999).

28) Anderson and Olson. 2003.

29) Adapted from Adam Curle, *Making Peace* (London: Tavistock Press, 1971).

참고문헌

Anderson, Mary B. and Lara Olson, *Confronting War: Critical Lessons for Peace Practitioners* (Cambridge, Mass.: Collaborative for Development Action, Inc, 2003).

Galama, Anneke and Paul van Tongeren, eds., *Towards Better Peacebuilding Practice* (Utrecht, Netherlands: Euro- pean Centre for Conflict Prevention, 2002).

Lederach, John Paul, *Building Peace: Sustainable Reconcilation in Divided Societies* (Washington, D.C.: U.S. Institute of Peace, 1997).

Lederach, John Paul and Janice Moomaw Jenner, *Into the Eye of the Storm: A Handbook of International Peacebuilding* (San Francisco: John Wiley and Sons, 2002).

Reychler, Luc and Thania Paffenholz, eds., *Peacebuilding: A Field Guide* (Boulder: Lynne Rienner, 2001).

Sampson, Cynthia, Mohammed Abu-Nimer, Claudia Liefbler and Diana Whitney, eds., *Positive Approaches to Peacebuilding* (Washington, D.C.: PACT Publications, 2003).

KAP의 책들

정의와 평화 실천 시리즈

학교현장을 위한 회복적 학생생활지도

이 책은 생활지도의 오랜 관성에 대해 근본적인 의문을 제기한다. 잘못된 행동을 법과 규칙이라는 비인격적인 처리에 맡겨 버리고 마땅히 주변 사람들이 공동체적으로 개입하고 함께 문제를 해결해 가며 서로의 마음을 풀어주어야 할 책임을 회피하고 있는 것은 아닌가 하는 문제를 제기하고 있다. 이러한 접근은 그 동안 우리가 한번도 고민해 보지 못한 부분들이기 때문에 우리르 불편하게 만든다. 하지만 이 책이 설명하는 회복적 학생 생활지도의 철학과 원리, 방법들을 따라가다 보면 그 동안 우리의 사고가 얼마나 비인격적 제도주의에 물들어 있었는가 하는 것을 통감하게 된다. 이 책은 학생 생활지도에 대한 새로운 관점을 열어주는데 부족함이 없다. - 좋은 교사운동 대표 정병오(추천사 중에서)

로레인 수투츠만 암스투츠, 쥬디 H. 뮬렛 지음 / 이재영, 정용진 옮김

서클 프로세스 (Circle Processes)

"회복적 정의 운동을 실천하는 현장에서 필요로 하는 것은 바로 회복적 서클을 어떻게 디자인하고 진행할 것인가에 대한 문제이다. 이 책은 그 현실적 필요에 가장 적절히 답을 주는 자료라고 생각한다. 전 세계적으로 확산되고 있는 회복적 정의 운동의 가장 대표적인 프로그램으로써 서클이 어떻게 적용될 수 있을지 말해주는 이 책을 통해 회복적 정의 운동이 한국에서도 더욱 활발히 확산되기를 기대해본다." - 이재영, 한국 평화교육 훈련원장

케이 프라니스 지음 / 강영실 옮김

정의와 평화 실천 시리즈

갈등전환

갈등은 자연스러운 것이고 인간관계 속에서 끊임없이 발생하는 역동성이라는 것을 인식하는 것이 갈등전환이다.

더 나아가 갈등은 건설적인 변화의 잠재력을 지니고 있다. 그렇다고 항상 긍정적인 변화가 일어나는 것은 아니다.

갈등은 상처와 파괴가 악순환 하는 경우가 대부분이다. 하지만 갈등 전환은 갈등 자체를 잠재적 성장의 기폭제로 바라보려는 적극적인 의지의 표현이다. 이것이 핵심이다.

– 본문 중에서

존 폴 레더락 지음 / 박지호 옮김

트라우마의 이해와 치유

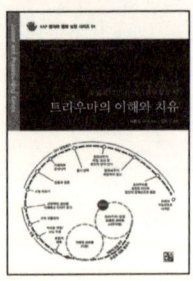

저자 요더는 "이 소책자는 트라우마를 일으키는 때와 사건들이 존재한다는 기본적인 현실과 도전아래 인간의 정신을 일깨우며 지구촌의 여러 가족들을 일깨우기 위한 것이다. 그러나 이러한 일깨움은 국가의 안전에서부터 인류의 안전에 이르기까지 우리가 갖고 있는 관심의 변화, 근원적 원인들을 정직하게 찾아내며, 우리 자신의 역사는 물론 원수로 여기는 사람들의 역사를 인정하는 것으로부터 시작되어야 한다."고 말한다.

이 책이야말로 트라우마의 이해와 치유에 도움을 줄 놀라운 접근이다.

캐롤린 요더 지음 / 김복기 옮김

평화 시리즈

평화와 화해의 새로운 패러다임

이 책은 아프리카를 배경으로 쓰였지만, 평화와 화해에 대한 이해의 폭을 넓힐 뿐 아니라 오늘날의 국내외적 갈등과 분쟁상황에도 매우 유익한 평화와 화해의 기본 안내서가 될 것이다.

히즈키아스 아세파 지음 / 이재영 옮김

평화를 만드는 조정자 훈련 매뉴얼

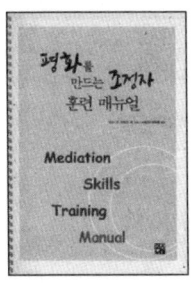

다양한 분쟁상황에서 갈등을 창조적으로 평화롭게 전환시키는 조정자를 훈련하는 매뉴얼. 이 책은 학교, 직장, 교회, 공공영역 등에서의 훈련된 조정자가 부족한 한국 사회에 매우 실질적이고 유익한 훈련 지침서가 될 것이다.

낸시 굿 사이더 외 지음 / 서정기·이재영 옮김

초기 그리스도인들이 본 전쟁과 평화

이 책은 비록 작은 책이지만 초기 기독교 지도자들과 교회 공동체가 전쟁과 평화에 대해 어떻게 이해하고 가르쳤는가를 보여주고 있다. 동시에 초기 기독교가 가르쳐 온 평화사상이 4세기 이후 어떻게 변질되었는가에 대한 소중한 가르침을 주고 있다. 서구에서의 평화사상, 혹은 평화운동은 근원적으로 기독교적 배경에서 시원하였다는 점을 고려해볼 때 초기 기독교회의 가르침은 오늘 우리에게 귀중한 가르침을 줄 것이다.

존 드라이버 지음 / 이상규 옮김

평화 시리즈

회복적 정의란 무엇인가?

이 책이 제시하는 주장은 단순하다. "어떤 법이 위반되었는가? 누가 위반하였는가? 어떤 형벌이 마땅한가?" 등 기존 사법제도의 근간이 되는 질문에 초점을 맞추는 이상 진정한 의미에서의 정의를 달성할 수 없다는 것이다. 진정한 정의는 "누가 상처 입었는가? 그들의 요구는 무엇인가? 이것은 누구의 의무이고 책임인가? 이러한 상황에 누가 관여해야 하는가? 어떤 절차를 통하여 해법을 찾을 수 있는가?"와 같은 질문을 요구한다. 범죄에 대한 회복적 접근(회복적 사법)은 우리에게 렌즈 뿐 아니라 질문까지 바꿀 것을 요구한다.

하워드 제어 지음 / 손 진 옮김

화해를 향한 여정

이 책은 갈등 해결과 평화사역 분야에서 다년간 활동한 저자가 자신의 경험을 바탕으로 갈등과 화해 신학의 성경적 근거를 밝힌 책이다. 저자는 갈등전환에 관한 최신 이론을 소개하기보다는 현장에서 경험한 사건들을 생생한 이야기로 들려준다. 갈등을 어떻게 바라보아야 하는지, 갈등 상황속에서 내가 타인을 어떻게 원수로 만들어 버리는지, 반대로 화해의 여정을 통해 비인격적 괴물이었던 원수의 얼굴에서 어떻게 하나님의 형상을 발견할 수 있는지에 대한 깊이있는 통찰을 제시한다.

존 폴 레더락 지음 / 유선금 옮김

제자도 시리즈

제자도, 그리스도인의 정치적 책임

존 하워드 요더는 지난 400여 년 전에 아나뱁티스트를 박해했던 기존 교회들과의 신학적 논쟁을 재개하는 성과를 가져왔다. 이 책은 예수 그리스도의 평화교회를 향한 여정을 시작하라는 존 하워드 요더의 초청이며 메노나이트나 메노나이트가 아닌 사람들 모두에게 똑같이 도전을 주는 매우 귀중한 자료다.

존 하워드 요더 지음 / 김기현 옮김

성경적 관점의 일과 쉼

이 책은 이러한 영역에서 적용할 수 있는 묵상 자료로서 일과 쉼에 대한 성경적 가르침 및 기독교적인 입장, 그리고 일과 쉼을 존중하면서 좀 더 신실하게 살아갈 수 있는 삶의 방법들을 찾도록 도와줄 것이다.

월드마 잔젠 지음 / 김복기 옮김

나는 그리스도와 함께 십자가에서 죽었습니다

이 책은 지금까지 그리스도인으로 살아왔건 아니면 하나님의 필요성을 전혀 못 느끼고 살아왔건 당신의 자아가 진정으로 누구인지 알 수 있게 도와줄 것이다. 이 책에는 우리를 누구보다도 잘 아는 창조주 하나님의 복된 말씀이 들어 있다. 그리스도와 동행하는 삶의 원리를 배우려는 모든 사람들에게 이 책을 적극 추천한다.

머럴 루스 지음 / 김경중 옮김